T0157489

REINO DE DIOS, DEMONOLOGÍA Y LIBERACIÓN

REINO DE DIOS, DEMONOLOGÍA Y LIBERACIÓN

CURSO COMPRENSIVO DE LIBERACIÓN PARA LÍDERES Y PASTORES

PEDRO MONTOYA

Para realizar pedidos de este libro, contacte con:
Palibrio
1663 Liberty Drive
Suite 200
Bloomington, IN 47403
Gratis desde EE. UU. al 877.407.5847
Gratis desde México al 01.800.288.2243
Gratis desde España al 900.866.949
Desde otro país al +1.812.671.9757
Fax: 01.812.355.1576
ventas@palibrio.com
721685

CONTENIDO

Dedicatoria

Tengo que reconocer que este trabajo es el resultado de un impacto en mi espíritu, de la obra que EL está haciendo en este tiempo. Dios obra tanto el hacer como el querer, por su buena Voluntad.

¿A quién más, sino a Dios? dedico este libro a Dios, Creador, Formador y Sustentador, y quien me dio la vida, y me ha permitido conocerle.

A EL sea la Gloria

PREFACIO

DESCRIPCIÓN Y FUNDAMENTACIÓN DEL CURSO

Este material surgió como tema de estudio dentro de la preparación ministerial que se desarrolló como parte de *La Escuela levantando alas como las águilas*. Se constituyó como una necesidad de capacitación que surge por causa de los acontecimientos tan adversos y desconcertantes que vivimos en la actualidad.

Cuando el profeta Isaías declaró en su palabra *"Más los que esperan a Jehová tendrán nuevas fuerzas; levantarán las alas como águilas; correrán, y no se cansarán; caminarán, y no se fatigarán."* (Isaías 40:31), no era el mejor tiempo para el pueblo judío, se encontraban bajo la amenaza de una deportación inminente. La condición social del pueblo, su estado anímico, su condición política, económica y religiosa había colapsado y no se planteaba una solución viable. Fue bajo esas circunstancias que el profeta declaró que era necesario levantar alas como águilas.

Pero, ¿Por qué Isaías sugiere levantar alas en este momento? La respuesta nos viene por un texto que encontramos en el Libro de los Salmos: *"Más los que esperan en Jehová, ellos heredarán la tierra."* (Salmos 37:9) Isaías estaba declarando que la solución para la crisis de aquel momento era levantar alas como las águilas para retomar la autoridad y el control de su tierra, y expulsar a los que querían arrebatárselas.

Nosotros también necesitamos levantar alas como las águilas para poseer nuestra tierra, para tomar dominio de nuestra heredad que nos fue arrebatada por Satanás por causa del pecado y de la iniquidad en la que vivimos por años lejos de Dios. Este es el tiempo que Dios ha establecido para recuperar la tierra, tenemos que arrebatársela a las tinieblas para que establezcamos el Reino de los Cielos, para que así podamos hacer que se cumpla la Palabra de Dios de que *este Evangelio será predicado en todo el mundo.*

Objetivos Generales

Es necesario entender sobre las señales de los tiempos (Mateo 16:3), porque a través de sus significados Dios nos está dando las instrucciones específicas de cómo conquistar la tierra.

Debemos tomar las armaduras de nuestra milicia e iniciar una campaña de lucha espiritual para despojar a las tinieblas de sus territorios, puesto que *no tenemos lucha contra sangre y carne* (Efesios 6:12). Tenemos que declararle la Guerra al reino de las tinieblas y despojarles de los territorios ocupados.

Trataremos el tema de la Liberación de demonios como parte del establecimiento del Reino de los cielos, tal y como nuestro Señor y Salvador Jesús lo planteó cuando dijo: "Mas si por el dedo de Dios echo yo fuera los demonios, cierto el Reino de Dios ha llegado a vosotros." (Lucas 11:20). Necesitamos conocer las condiciones que deben completarse para que este Evangelio del Reino sea predicado en todo el mundo. No *sólo* es una tarea evangelista, es una tarea también liberadora porque claramente las Escrituras señalan que antes del retorno de nuestro Señor Jesucristo a la tierra, es necesario "que sus enemigos sean puestos por estrado de sus pies" (1ra. Corintios 15:25; Hebreos 10:13)

Objetivos Específicos

El curso está orientado a levantar, capacitar y enviar ministerios idóneos a la labor evangelista, misionera y apostólica, a los sitios que Dios determine llevarnos. La instrucción que Dios nos ha dado está basada en Mateo 24:28 *"Porque donde quiera que estuviere el cuerpo muerto, allí se juntarán las águilas."* Las águilas se juntan para quitar el cuerpo muerto y evitar así la corrupción de la tierra.

La misión es "*El Espíritu del Señor es sobre mí, Por cuanto me ha ungido para dar buenas nuevas a los pobres: Me ha enviado para sanar a los quebrantados de corazón; Para pregonar a los cautivos libertad, Y a los ciegos vista; Para poner en libertad a los quebrantados:*" (Lucas 4:18)

INTRODUCCIÓN

Este curso pretende presentar una guía clara sobre los principios bíblicos, doctrinales y espirituales que sustentan y dan forma a la liberación de demonios como parte constituyente del Evangelio de nuestro Señor Jesucristo. Pretende también presentarlo como método de guerra espiritual para la apropiación de los territorios, dominios y gobiernos espirituales que el mundo de las tinieblas se ha arrogado para sí.

> *..Rodeó Jesús toda Galilea, enseñando en las sinagogas de **ellos**, y **predicando el evangelio del reino**, y sanando toda enfermedad y toda dolencia en **el** pueblo. Mateo 4:22-24 (RVA)*
>
> *Y rodeaba Jesús por todas las ciudades y aldeas, enseñando en las sinagogas de ellos, y **predicando el evangelio del reino**, y sanando toda enfermedad y todo achaque en el pueblo. Mateo 9:35 (RVA)*

La liberación de demonios está ampliamente documentada en los escritos del Nuevo Testamento. En los evangelios se da fe de que *Jesús lanzaba fuera demonios* en toda reunión donde propició la predicación del Evangelio. No se puede separar el uno del otro, tanto así que cuando se plantea la Gran Comisión, se presenta su necesidad y se impone su práctica como evidencia de que se está estableciendo el reino de Dios en ese lugar.

Junto con el *"id y haced discípulos"*,[1] se establece también como las *"señales que seguirán a los que creen en su nombre"*.[2] Cuando Jesús escoge a los apóstoles y los envía a predicar, el evangelista atestigua que Jesús *"les dio potestad de echar fuera demonios"*, y claramente también establece que este era su mensaje evangelizador, porque Jesús les hizo hincapié de que dijeran que hacían todas estas señales porque *"el reino de los cielos se ha acercado"*.[3]

La liberación de demonios se presenta también como cumplimiento del mensaje profético del Antiguo Testamento. Cuando Jesús presenta las credenciales de su ministerio, en la sinagoga de Capernaum,[4] y lee los escritos del profeta Isaías, El declara que en Él se cumplen las promesas de restauración predichas por los profetas.[5] El sacerdote Zacarías, de la clase de Abías, profetizando sobre este advenimiento, tanto de Juan el Bautista como de Jesús, dijo que tal advenimiento era porque Dios *"ha visitado y redimido a su pueblo"*, y todo esto como parte del *"juramento echo por Dios a Abraham"*.[6]

> *Salvación de nuestros enemigos, y de la mano de todos los que nos aborrecieron; Que **librados de nuestros enemigos**, sin temor le serviríamos en santidad y en justicia delante de él, todos nuestros días. Lucas 1:71-75 (RVA)*

La liberación de demonios, es pues, las buenas nuevas que Dios ha dado a conocer a su pueblo que por años ha vivido bajo la opresión y cautividad, a expensa de la voluntad de Satanás. Pablo da fe que aunque históricamente han surgido tribus y naciones poderosas que los han oprimido, en realidad y en vista de que *nuestra lucha no es contra sangre y carne*, detrás de cada pueblo opresor ha estado Satanás escondiéndose

---

[1] Mateo 28:19
[2] Marcos 16:17
[3] Mateo 10:1,7,8
[4] Lucas 4:16-22
[5] Isaías 61:1,2
[6] Lucas 1:69-73

para llevar a cabo su plan de destrucción. La liberación de demonios se ha establecido para llevar a cabo la destrucción de quien realmente ha buscado desde el huerto del Edén acabar con lo *vio Dios que era bueno*, es a saber, al hombre y la mujer.

No obstante, la liberación de demonios aunque método para despojar al reino de las tinieblas de sus dominios y posesiones, no puede —ni debe— entenderse, presentarse o proclamarse como conocimiento y/o práctica independiente de la doctrina del Reino de Dios. La liberación es parte integral de la expresión doctrinal del Reino de Dios. En la predicación del evangelio de Jesucristo, la expulsión de demonios es presentada como la evidencia de que el Reino de los cielos se había acercado a los hombres.

Dios le prometió a Abraham que la principal característica del pueblo que se estaba fundando por medio de su descendencia sería *poseer las puertas de sus enemigos*.[7] Jesús lo reafirmó cuando le declaró a Pedro que *las puertas del infierno no prevalecerían ante la presencia de la iglesia*.[8] A partir de aquí, la regla que se sugiere y que se mantendrá como la regla de oro para quien ejerza la liberación, es que la liberación surge como resultado de haberse establecido el Reino de Dios en la posesión que las tinieblas tenían bajo su dominio. Quiere decir, entonces, que si en algún momento identificamos la necesidad de practicar la liberación, esa necesidad nos debe exigir primero constatar que el Reino de Dios se establezca en su seno.

Por eso, no sólo se trata de conocer sobre los demonios y la forma de despojarlos de sus dominios, se trata de entender que la liberación es parte de la doctrina del Reino de Dios y que su mensaje evangelizador debe contemplar despojar a los demonios de sus territorios con el único fin de que el Reino sea establecido en su lugar. Dios ha enviado a su unigénito hijo para *trasladarnos del reino de las tinieblas al reino de su amado hijo*.[9]

---

[7]   Génesis 22:17 "Bendiciendo te bendeciré, y multiplicando multiplicaré tu simiente como las estrellas del cielo, y como la arena que está a la orilla del mar; y tu simiente poseerá las puertas de sus enemigos:"

[8]   Mateo 16:18 "Mas yo también te digo, que tú eres Pedro, y sobre esta piedra edificaré mi iglesia; y las puertas del infierno no prevalecerán contra ella."

[9]   Colosenses 1:12-14 "Que nos ha librado de la potestad de las tinieblas, y trasladado al reino de su amado Hijo;.."

> *Y si por espíritu de Dios yo echo fuera los demonios, ciertamente ha llegado a vosotros el reino de Dios. Mateo 12:28; Lucas 11:20 (RVA)*

La liberación -como recurso- es el ejercicio de la autoridad delegada por el Espíritu Santo, en virtud de la imagen y semejanza del nuevo hombre restaurada por Jesús en la cruz del calvario. Conocemos el proceso, *por cuanto Jesús se humilló a sí mismo y fue obediente hasta la muerte, Dios le ensalzó **Sobre todo** principado, y potestad, y potencia, y señorío, y **todo nombre que** se nombra, no sólo en **este** siglo, más aún en el venidero,*[10] y de esa autoridad tomamos nosotros por la fe en Jesús.

Se expulsa a los demonios porque se tiene conocimiento y autoridad, el conocimiento del Reino y la autoridad de la imagen del Nuevo hombre. El propósito no es andar expulsando demonios, se trata de que el Reino de los Dios sea establecido en la tierra. Expulsar demonios sin el cometido de que el Reino se establezca en el sitio, dominio o propiedad de las tinieblas expulsada sería equivalente a echar nuestras perlas a los puercos,[11] y traería graves consecuencias posteriores dado que abriríamos la posibilidad de que las tinieblas reposicionen su anterior dominio y que el postrer estado sea peor que el primero.[12]

Lamentablemente, no todos aceptan la liberación como doctrina bíblica, vigente para nuestros días; y peor aún, son muchos los ministros quienes desde los pulpitos la desacreditan, volviéndonos con esto más susceptibles a la presencia del reino de las tinieblas en regiones completas, y aun dentro de iglesias locales.

Temas doctrinales tales como *el misterio de la iniquidad*, identificada por Pablo en su segunda carta a los Tesalonicenses, *los nicolaitas*, señalada

---

[10]   Efesios 1:20-22: "Sobre todo principado, y potestad, y potencia, y señorío, y todo nombre que se nombra, no sólo en este siglo, más aun en el venidero...". Ver también Filipenses 2:8-10: "Por lo cual Dios también le ensalzó a lo sumo, y dióle un nombre que es sobre todo nombre..."

[11]   Mateo 7:6

[12]   *Mateo 12:42-44; Lucas 11:24-26*

en apocalipsis, *espíritu de fornicación* mencionada en el libro del profeta Oseas, entre otros temas, no son ni siquiera material de enseñanza de los seminarios teológicos e institutos bíblicos.

Aunque en el Antiguo Testamento no hay una referencia tan prolifera como en el Nuevo Testamento, la verdad es que el judío promedio sabia de la existencia de los demonios y el daño que le pueden provocar a la humanidad. Referencia dada por los mismos fariseos en torno a que Jesús echaba fuera a los demonios por *Beelzebub, príncipe de los demonios*,[13] es un dato contundente del conocimiento que ellos tenían de la interacción de los demonios en la actividad diaria. Este mismo *Beelzebub* citado en el Nuevo Testamento es el mismo *Baal-zebub* citado en el segundo libro de Reyes, en el capítulo uno.

Así pues, la ignorancia que sobre el tema se tiene de la intervención de los demonios y el reino de las tinieblas en la actividad humana y cotidiana, hace que la predicación e injerencia de la iglesia no sea tan contundente en el establecimiento del reino de los cielos en esta tierra, y obviamente, nos hace más débiles para conservar territorios enteros. Es lamentable ver como regiones enteras se convierte en regiones narcos, en regiones dominados por maras y gánster.

Que podamos ver que no estamos siendo costo-efectivos como dispensadores de la Gracia de Dios. Semilla del reino que está siendo arrebatada desde el mismo corazón de aquellos en quienes fue sembrada, según la parábola del sembrador.[14]

No se trata de terreno, el terreno es bueno. Se trata de sembradores que están tirando la semilla pero no están cuidando de que la semilla no se siembra profunda como para que germine. Se trata de ministerios que no estamos siguiendo la instrucción de la Gran Comisión tal y como se presentó originalmente. Danos ojos, Señor, para poder ver con claridad y discernimiento.

---

[13]   Mateo 12:24
[14]   Mateo 13:1-23

CAPÍTULO 1

ENTENDIENDO LA LIBERACIÓN Y EL REINO DE DIOS

> *La visión del Reino de Dios*
>
> *"Entonces Jesús fue llevado del Espíritu al desierto, para ser tentado del diablo. ² Y habiendo ayunado cuarenta días y cuarenta noches, después tuvo hambre. ³ Y llegándose a él el tentador, dijo: Si eres Hijo de Dios,... El diablo entonces le dejó: y he aquí los ángeles llegaron y le servían." Mateo 4:1-11*

La contaminación de la heredad de Dios

El reino de Dios y su justicia fue el tema central de la predicación de Jesús. Comenzó a cobrar significado desde la predicación de Juan el Bautista[15] y fue reproducido en cada uno de los mensajes apostólicos.[16] Los evangelistas registraron en sus escritos que el mensaje básico giraba en torno de la frase: *"arrepentíos porque el reino de los cielos se ha acercado"*.[17]

Sin embargo, aunque interesado en proclamar sobre el Reino de Dios, sus continuas referencias de que el Reino se manifestaba en relación directa con su persona, sus interlocutores rápido entendieron que su mensaje no aludía al reino de Israel. Hoy entendemos que el Reino de Dios –también

---

[15]   Marcos 3:2
[16]   Hechos 2:38; 3:19
[17]   Mateo 4:17, Marcos 1:15

presentado como Reino de los cielos– es un concepto cristológico que se introduce como parte del *kerigma* de las *buenas nuevas*. Jesús les declaró a sus discípulos que su Padre le había *ordenado un reino*[18] y que El estaría haciendo lo mismo con ellos.

Si bien, al inicio de su ministerio se le identificó como un profeta, a la usanza de los profetas del Israel monárquico, en su mensaje rápido se distinguió un elemento diferente. Los profetas anteriores identificaban el reino de Israel como el Reino de Dios, y por ello en su mensaje increpaban al pueblo a serle fiel a Dios y cuidar de no tener dioses ajenos. Jesús sin embargo, no llamó a la gente a restaurar su concepción del reino de Israel y su valor por él, los escritos de sus discípulos registran que en algún momento inclusive El confesó que *su reino no era de esta tierra*.

Fundamentó su enseñanza en una relación individual del hombre con su Creador, allí –dijo– estaba la clave del cumplimiento de la Ley mosaica y el verdadero sentido de ser *hijo de Abraham*. Su enseñanza estuvo siempre confrontada por el *"oísteis que fue dicho"*, y el *"más yo os digo"*, estableciendo así una nueva interpretación de los escritos mosaicos. Así pues, el concepto del Reino de Dios sufre un cambio conceptual con Jesús, y se traslada su significado a su verdadero plano, el plano espiritual.

Desde la desobediencia de Adam y Eva, Dios buscó que el hombre entendiera que su problema mayor no era solamente de *desobediencia* –o de pecado– sino que su desvarío había comenzado por la falta de entendimiento sobre el valor de *la heredad de Dios*. En el huerto de Edén, Dios le había entregado todo bajo su autoridad, le había sido encomendado que *sojuzgara* la tierra, y eso no solo significaba cultivarla.

¿Qué sentido podría tener que Satanás –luzbel– se interesara por ese huerto si en realidad podría haber tenido toda la tierra? Se trataba de *heredad*, y eso fue lo que no entendió el hombre. Dios lo coloca allí y le está entregando una *heredad*, la falta de entendimiento le costó perderlo y vivir en una condición miserable.

Por eso, cuando surge Abraham, su significado mayor debe ser entendido en función de la recuperación del valor de *heredad* que Adam perdió.

---

[18]   Lucas 22:19

Nótese que Abraham sube a escena debido a que recibe un llamado, no para recibir un hijo sino para recibir una tierra: *"Vete de tu tierra..., a la tierra que te mostraré"*.[19] Para los efectos, Abraham es un *Adam* que viene para recuperar su *heredad*.

Un dato que sorprende es el que encontramos en el libro del profeta Ezequiel, en el capítulo veintiocho, en el que se narra de la presencia de Satanás en el huerto de Edén. Y aunque muchos tratan de identificarlo como un "Edén espiritual" diferente del mencionado en Génesis, el relato apunta a que en un momento determinado, antes de la formación de Adam, este lugar estuvo bajo la intendencia de Luzbel al grado de habérsele permitido construir en él un *santuario*[20]. Al ver que este territorio se le estaría entregando a Adam, Satanás habría de buscar la forma de arrebatárselo.

La serpiente, una contratación de Satanás, no pretendía hacer que el hombre y la mujer "pecaran" desobedeciendo a Dios, la serpiente había sido instruida sobre la única forma de cómo Adam y Eva podrían perder la *heredad*: perdiendo el valor por ésta; así que, hábilmente desvía la atención por la *heredad* y la lleva a ubicarla en la posibilidad de ser *como dioses sabiendo el bien y el mal*:[21] Esa era la forma para que éstos contaminaran su heredad, y la perdieran.

Las practicas paganas de los pueblos

El problema de fondo que vez tras vez nos presenta el Antiguo Testamento, en torno de la relación de Israel con su Dios, es la constante caída del pueblo en las prácticas paganas de los pueblos vecinos. Habían sido advertidos desde que salieron de Egipto, les fue promulgado en los diez mandamientos, y se les dictó leyes que prescribían tales prácticas; inclusive se les describió sobre las consecuencias que ello traería si iban en pos de otros dioses, tal práctica –se les dijo– sería considerado como un acto de fornicación, porque Dios consideraba la relación con este pueblo como un pacto matrimonial.

---

[19]   Génesis 12:1
[20]   Ezequiel 28:18
[21]   Génesis 3:5

Sin embargo, el pueblo de Israel no lo entendió, y al introducir los dioses de los territorios paganos, sus cultos y su religión proscrita, contaminaron la heredad y desvirtuaron el Reino convirtiéndolo en un reino común, este fue el reproche declarado por Dios que una y otra vez resuena entre los profetas:

> *"Y díjome: Hijo del hombre, yo te envío a los hijos de Israel, a gentes rebeldes que se rebelaron contra mí: ellos y sus padres se han rebelado contra mí hasta este mismo día. Yo pues te envío a hijos de duro rostro y de empedernido corazón; y les dirás: Así ha dicho el Señor Jehová. Acaso ellos escuchen; y si no escucharen, (porque son una rebelde familia,) siempre conocerán que hubo profeta entre ellos."[22]*

Las prácticas de los pueblos paganos había sido la razón por la cual se les arrebató a ellos esta tierra para entregarla por heredad al pueblo de Israel.[23] Abraham se convirtió en el heredero de ella porque le creyó a Dios, y Dios para honrar su fe le hizo juramento por Sí mismo de que le habría de entregar la *tierra de sus peregrinaciones*; y fue precisamente por esa fe que Dios no estaba dispuesto a tolerar que se contaminara de nuevo esa tierra, así que creo la provisión espiritual para garantizar que la *simiente de Abraham* recibiera la heredad tal y como lo había jurado al padre de la fe.

Así que en una segunda etapa de este proceso revelador, Dios le declara a Abraham: *"haré de ti una nación grande"*,[24] en esa declaración nació la concepción del Reino de Dios. No sería una nación como cualquier otra, sería un Reino diferente, Dios sería el Rey, y en este reino el pueblo

---

[22] Ezequiel 2
[23] Génesis 15:13 "Entonces dijo a Abram: Ten por cierto que tu simiente será peregrina en tierra no suya, y servirá a los de allí, y serán por ellos afligidos cuatrocientos años. [14] Más también a la gente a quien servirán, juzgaré yo; y después de esto saldrán con grande riqueza. [15] Y tú vendrás a tus padres en paz, y serás sepultado en buena vejez. [16] Y en la cuarta generación volverán acá: porque aún no está cumplida la maldad del Amorrheo hasta aquí."
[24] Génesis 12:2

le sería *santo*,[25] es decir, le sería pueblo sin contaminación.[26] El reino de Dios surge precisamente como el recurso espiritual para que toda contaminación –las tinieblas– no tenga cabida en la *heredad* de Abraham.

El Reino de Dios esfuerza y otorga potestad a todo aquel que en El cree de erradicar todo intento de traer *contaminación* a esta tierra, por eso es que encontramos en toda la Biblia cómo surgen hombres como Josué, Caleb, los Jueces, y tanto otros reseñados en el capítulo once de Hebreos, que trajeron libertad y expulsaron de su tierra a cuanto morador extranjero que la había contaminado. Dios está propiciando con todo esto honrar debidamente a aquel que le creyó a Él, habiendo recibido la tierra *en esperanza*:

> *"Por la fe Abraham, siendo llamado, obedeció para salir al lugar que había de recibir por heredad; y salió sin saber dónde iba. Por fe habitó en la tierra prometida como en tierra ajena, morando en cabañas con Isaac y Jacob, herederos juntamente de la misma promesa:"*[27]

El reino de Dios: la promesa de restauración

El tema del Reino de Dios surge de esta doble consideración: Es la promesa que Abraham –y a partir de allí, todo aquel que en El creyere– alcanza por la Fe, pero es también la Voluntad manifiesta de Dios de *buscar y restaurar lo que se había perdido*. Por años se ha predicado a favor del hombre perdido, describiendo que *El Señor no tarda su promesa, como algunos la tienen por tardanza; sino que es paciente para con nosotros, no queriendo que ninguno perezca, sino que todos procedan al arrepentimiento*.[28]

Sin embargo, poco o nada se ha dicho de la heredad que éste perdió en Edén, o quizá es que se ha identificado su heredad en los cielos. La verdad es que la obra redentora de Jesús en la cruz está dirigida a recuperar la integridad del hombre, eso incluye su heredad aquí en la tierra.

---

25 Deuteronomio 7:6; 14:2,21; 26:19; Isaías 62:12; Daniel 12:7
26 Efesios 5:26,27
27 Hebreos 11:8
28 2da. Pedro 3:9

Al revisar panorámicamente las Escrituras, notamos que tanto en el Antiguo Testamento como en el Nuevo está presente la idea del *Reino de Dios*. En el Antiguo representado por la *Eretz* de Israel, en el Nuevo por la Iglesia. En ambos casos, tanto en el Antiguo como en el Nuevo, se predice que ellos *poseerán las puertas de sus enemigos*. El juramento de Dios a Abraham proclamaba:

> *"Bendiciendo te bendeciré, y multiplicando multiplicaré tu simiente como las estrellas del cielo, y como la arena que está a la orilla del mar;* ***y tu simiente poseerá las puertas de sus enemigos:"***[29]

En el Nuevo Testamento el juramento de Abraham mantiene continuidad, y fue Jesús quien se encargó de continuarla en los mismos términos que fue presentada en el Antiguo. Él dijo que ante *la iglesia* –el reino de Dios– sus enemigos no se mantendrían en pie:

> *".. Las puertas del infierno* ***no prevalecerán contra ella*** *(la iglesia)."*[30]

¿Por qué tanto interés de establecer tanto en el Antiguo como en el Nuevo que los moradores del Reino poseerán las puertas de los enemigos si la heredad está en los cielos? ¿No será que también debemos de considerar que en nuestro peregrinar en la tierra hay un territorio –la heredad de Dios– que debemos recuperar?

La expresión *Reino de Dios* (η βασιλεια του θεου) aparece registrado 67 veces en el Nuevo Testamento, ello puede reflejar que su importancia va más allá de la descripción de un lugar en los cielos como destino final para los redimidos por la sangre de Jesús. De hecho, la preocupación entre los apóstoles de *la restauración del reino de Israel,* como parte del establecimiento del *mesías*[31] apunta a que de alguna manera en la predicación de Jesús se estableció esta relación, y ellos la pudieron explicar como parte de su doctrina.

---

[29]   Génesis 22:17
[30]   Mateo 16:17
[31]   Mateo 24:1,2 en conexión con Hechos de los Apóstoles 1:1-8

¿Por qué Dios maldijo la tierra?

*"Y al hombre dijo: Por cuanto obedeciste a la voz de tu mujer, y comiste del árbol de que te mandé diciendo, No comerás de él; **maldita será la tierra por amor de ti;..**"*
Génesis 3:17

Si fue Adam quien desobedeció el mandamiento de Dios, ¿no es de suponer que es él quien reciba el castigo debido a su pecado? ¿Por qué tiene que recibir la tierra una maldición por el pecado de Adam? No hay duda que la determinación de los castigos no está en paralelismo ni sustentada por un criterio de corte pecado-castigo, en donde quien incurre en una falta recibe el justo castigo por su fallo. Es claro que el castigo es desviado a la tierra y se percibe sólo como consecuencia del fruto de la interacción del hombre con ella.

La razón más que obvia es debido a la misericordia de Dios. Si Dios con su Palabra había creado el cielo y la tierra, y todo lo que en ellos hay, un castigo emitido por su Palabra habría significado la destrucción instantánea del hombre, por eso es que desvía todo a tierra, para que la tierra la absorba y la desvíe a su interior. De allí que, sería la naturaleza quien se encargaría de castigar al hombre y recordarle su necesidad de acudir a Dios para que Él los salve. Ese principio se ve en el castigo que Caín recibe luego de asesinar a su hermano.[32]

Pero, hay otra razón que tiene una mayor trascendencia y que explica esta forma particular de proceder de Dios.

Adam es expulsado del huerto no solo por la preocupación de Dios de que extienda su mano y coma del *árbol de la vida*, es expulsado porque pierde los derechos de la *heredad* que Él le entregó. El apóstol Pablo señala que cuando una persona decide obedecer a otra se constituye en su esclavo.

---

[32]   Génesis 4:11

*¿No sabéis que a quien os prestáis vosotros mismos por siervos para obedecerle, **sois siervos de aquel a quien obedecéis…?**[33]*

Así que, Adam había desobedecido a Dios y había obedecido a la serpiente, Adam se había convertido en siervo de la serpiente; por lo tanto, como siervo, había perdido su *heredad* y tenía que entregarla a quien se había sometido. Actuar en detrimento de lo que Dios le había establecido le otorgó los derechos y reconocimientos recibidos por Dios en el día de su creación. Lo vemos ilustrado en la declaración misma de Satanás en el relato de las tentaciones de Jesús según el Evangelio de Lucas:

> *"Y le dijo el diablo: A ti te daré toda esta potestad, y la gloria de ellos; **porque a mí es entregada**, y a quien quiero la doy:"*[34]

La declaración resume todo lo que Adam le habría entregado el día que comió del árbol de la ciencia del bien y del mal, *capacidades* que hoy están en jurisdicción del reino de las tinieblas.

Sin embargo, el texto no dice nada de la tierra, habla de las situaciones que se desarrollan sobre de ella, tal el caso de *potestades* y, *la gloria de ellos*, pero no menciona propiedades. ¿Cómo podemos entender esto?

La maldición de la tierra fue un recurso de Dios para evitar que Satanás se quedara con la *heredad* de Adam, Adam había sido colocado en Edén: *"y puso allí al hombre que había formado."*[35] Pero no sólo para habitarla sino más para que la reclamara como su heredad, por eso ya antes se les había declarado: *"Y los bendijo Dios; y díjoles Dios: Fructificad y multiplicad, y henchid la tierra, **y sojuzgadla, y señoread** en los peces de la mar, y en las aves de los cielos, y en todas las bestias que se mueven sobre la tierra."*[36] Por ello, al desobedecer, le entregó todo cuanto había recibido de Dios a Satanás, ello incluía el Edén –*la heredad*– que de no haber sido porque

---

[33]   Romanos 6:16
[34]   Lucas 4:6
[35]   Génesis 2:15
[36]   Génesis 1:28

Dios actuó de esta forma, Satanás la habría reclamado como parte de su despojo.

Quita el calzado de tu pie...

"Y dijo: No te llegues acá: quita tus zapatos de tus pies, porque **el lugar en que tú estás, tierra santa es.** *" Éxodo 3:5*

Esta expresión aparece únicamente en dos ocasiones en toda la Biblia.[37] En ambas oportunidades el requerimiento establece la necesidad de reconocer que la tierra en que estás parado es santa. La presencia *del Dios creador: "Yo soy el Dios de tu padre, Dios de Abraham, Dios de Isaac, Dios de Jacob."* es quien establece la santidad del lugar, y quien también denuncia y reclama la autoría de esta acción; y lo hace en virtud de la convicción que en su orden, Abraham, Isaac y Jacob alcanzaron por haberle creído a Dios. Es precisamente por ellos que hoy este pueblo –sus descendientes– están en la posibilidad de heredar esta tierra.

Pero más que la necesidad de reconocer la santidad del lugar por la presencia del Creador, a Dios le interesa que sus interlocutores –Moisés y Josué– entiendan que el quitarse el calzado es también la acción de establecer territorialidad. Esta tierra es *santa* porque es *territorio de Dios* en virtud del juramento que Dios le hizo a vuestro padre Abraham, y porque éste creyó a Dios: El quitarse el calzado significó para Moisés que él se comprometió a reclamar este territorio y tomarlo en heredad para el pueblo. Su acción es equivalente a declarar: Este territorio es mío en virtud de la promesa hecha a mis padres y en virtud de que Dios está en este lugar.

Este es el verdadero significado de la liberación. Por años se ha visto la liberación como una especie de exorcismo, el acto sencillo de expulsar demonios de una persona, y aunque eso es una faceta, la liberación pretende establecer territorialidad, reclamar los territorios que las tinieblas han contaminado y construido allí su imperio.

---

[37] Éxodo 3:5, y Josué 5:15

No es únicamente plantar nuevas iglesias, y basta. Es necesario que el reino de Dios se ensanche a través de la acción de hombres y mujeres que no permitan que en sus linderos se practique obra de las tinieblas:

> *"Y dijo Jehová: Bien he visto la aflicción de mi pueblo que está en Egipto, y he oído su clamor a causa de sus exactores; pues tengo conocidas sus angustias:* **Y he descendido para librarlos de mano de los Egipcios, y sacarlos de aquella tierra a una tierra buena y ancha**, *a tierra que fluye leche y miel,"*

Reconocer y reclamar el territorio de Dios es el cumplimiento de la Palabra que el Creador le otorgó a Adam, en Génesis, cuando les dio mandamiento, diciendo:

> *"Y crio Dios al hombre a su imagen, a imagen de Dios lo crio; varón y hembra los crio. Y los bendijo Dios; y díjoles Dios: Fructificad y multiplicad, y henchid la tierra,* **y sojuzgadla, y señoread** *en los peces de la mar, y en las aves de los cielos, y en todas las bestias que se mueven sobre la tierra."* <u>*Génesis 1:27, 28*</u>

Territorio de Dios es equivalente a Reino de Dios, y es la *heredad* otorgada a Abraham en respuesta a su fe en El. El Reino de Dios se establece como territorio en todo lugar donde hay uno que le ha creído a Dios, se establece por la fe, y tiene la potestad de erradicar todo tipo de contaminación. Jesús declaró: *"Y si por espíritu de Dios yo echo fuera los demonios, ciertamente ha llegado a vosotros el reino de Dios."*[38]

Vénganos tu reino...

> *"Vosotros pues, oraréis así: Padre nuestro que estás en los cielos, santificado sea tu nombre.* **Venga tu reino**. *Sea hecha tu voluntad,* **como en el cielo, así también en la tierra."** <u>*Mateo 6:9,10*</u>

---

[38]   Evangelio según Mateo 12:28

La primera reacción que debió surgir en la mente de quienes escucharon la oración modelo por primera vez, fue preguntar: — ¿De qué reino hablas? ¿Acaso no estamos viviendo en el reino de Dios? Qué sentido tenía para Jesús pedir que *viniera su reino* si bajo todo concepto Israel es el reino de Dios, en todo caso, quizá bastaba con decir *restaura tu reino.*

La explicación de que *mi reino no es de este mundo,*[39] es suficiente para entender que Israel no era necesariamente el reino de Dios, porque en la misma frase, la comparación *como en el cielo, así también en la tierra,* establece la correlación de que cómo está establecido sobre toda la creación y región angélica, así debería establecerse sobre toda la creación y en toda la tierra.

Aquí es donde surge la territorialidad del reino, porque en la tierra no se ha establecido en *toda* la tierra, como en el cielo, porque el libre albedrío del hombre impide que sea sobre toda ella. Así que, *vénganos tu reino* habla de territorialidad: El reino irrumpe y se establece solamente en los territorios que el hombre reclame.

La razón de incluirlo en la oración modelo es para despertar conciencia en el hombre. No se trata únicamente de que reconozcamos a Jesús como el Señor de nuestra vida, tenemos que estar conscientes de que el Reino debe ser establecido en las regiones que habitamos, con pedirlo no es suficiente pero nos despierta a la conciencia de que somos llamados a recuperar los territorios que nos han sido dados en heredad.

El Reino de Dios se ha acercado a vosotros

> *"Y si por espíritu de Dios yo echo fuera los demonios, ciertamente ha llegado a vosotros el reino de Dios."* Mateo 12:28; Lucas 11:20

La expulsión de demonios de un lugar es el resultado del establecimiento del Reino de Dios, y éste a su vez, la manifestación del Espíritu de Dios. Reino de Dios adquiere una nueva dimensión, definitivamente ya no se identifica exclusivamente como el reino de Israel. El reino está donde el

---

[39]   Evangelio según Juan 18:36

Espíritu de Dios se manifiesta, por ello, donde se establece el Reino de Dios se desaloja al dominio de las tinieblas.

> *"El Espíritu del señor es sobre mí, por cuanto me ha ungido para dar buenas nuevas a los pobres: Me ha enviado para sanar a los quebrantados de corazón; para pregonar a los cautivos libertad, y a los ciegos vista; para poner en libertad a los quebrantados: Para predicar el año agradable del Señor."*[40]

El propósito de la predicación de Jesús era desalojar las tinieblas de los territorios que han ocupado por años, por ello cuando aquel día en su tierra leyó en el libro del profeta Isaías les estaba declarando su misión sobre la tierra, y que ellos si le creían, estarían en capacidad de hacer exactamente lo mismo.

Lamentablemente, *ningún profeta es acepto en su tierra*, y perdieron la oportunidad de ejercer la autoridad de expulsar a las tinieblas de su territorio.

El reino de Dios tiene que ser revelado a nuestras vidas. A más de dos mil años de su venida y de su proclamación, aún no hemos entendido la visión del Reino de Dios, es necesario que tengamos una revelación del Reino de Dios para que seamos efectivos en el cumplimiento de tanta profecía del Antiguo Testamento, y del cumplimiento de la Gran Comisión. Que El Todopoderoso nos ayude.

---

[40]   Lucas 4:18,19

CAPÍTULO 2

LUCHA DE PODERES. LUCHA DE REVELACIONES

> *"⁶ Testificó empero uno en cierto lugar, diciendo: ¿Qué es el hombre, que te acuerdas de él? ¿O el hijo del hombre, que le visitas?⁷ Tú **le hiciste un poco menor que los ángeles,** Coronástele de gloria y de honra, Y pusiste sobre las obras de tus manos;" Hebreos 2:6,7*

La posición del hombre antes y después de Jesús

Hay muchos datos que la biblia no ofrece en torno a los eones de la eternidad antes de la historia adámica conocida. Mucha información que falta para asegurar con precisión acerca del orden de los eventos, sin embargo, en los últimos años, el Espíritu de Dios nos ha descubierto en la Palabra datos que nos ha abierto una ventana de revelación para armar el rompecabezas de la caída de Adam, y de lo que significó realmente su pecado ante la intervención de Satanás.

El texto, por ejemplo de Hebreos reseñado anteriormente, un texto citado del Antiguo Testamento, del libro de Salmos,[41] establece como principio de la creación humana —o al menos, de la constitución adámica caída— que el hombre fue constituido espiritualmente un *poco menor* que los ángeles.

---

[41] Salmo 8:4-6

Este dato, quizá irrelevante al principio, nos llevará a descubrir por qué razón entonces hay tanto interés de parte del reino de las tinieblas de interesarse por la humanidad si son seres inferiores a la angélica.

La verdad es que no siempre fue así. Cuando Adam fue formado por Dios, y colocado en el huerto, Adam fue constituido de capacidades que ahora solo podrían ser entendidas como capacidades usadas en las historietas de ciencia ficción. En el huerto, dice el relato de Génesis, se le otorgó la sabiduría para asignarle *nombre*[42]a las especies, se le entregó autoridad para *señoread en los peces de la mar, y en las aves de los cielos, y en todas las bestias que se mueven sobre la tierra.*[43]

¿De qué sirve tener autoridad sobre algo que está fuera de mi alcance? Tener dominio sobre las aves, y sobre los animales de la tierra es entendible, pero, como concebir que tendría autoridad sobre los animales marinos si no podría visitarlos. Adam tiene autoridad para sujetar a las criaturas marinas, eso significa que podría llamarlas, y éstas desde la profundidad podrían responder a su llamado. Todo estaba su dominio.

> *"[14] ¿No son todos **espíritus administradores**, enviados **para servicio** a favor de los que serán herederos de salud?" Hebreos 1:14*

La constitución del Adam antes de la caída habría sido un ser con unas capacidades, materiales y espirituales, muy por encima de los mismos ángeles. ¿Por qué lo aseguramos? El Antiguo Testamento lo ubica *un poco menor que los ángeles*, el Nuevo Testamento ubica a los ángeles *sirviéndole* al hombre restaurado, y eso que aún no se ha manifestado lo que hemos de ser,[44] quiere decir que Adam habría sido en su estado natural un ser con unas capacidades extraordinarias. Recordemos que fue formado a *imagen y semejanza* del Todopoderoso.

---

[42]   Génesis 2:19

[43]   Génesis 1:28

[44]   1ra. Epístola de Juan 3:2

Podríamos entender por qué Satanás mismo no osó enfrentarse directamente a él y tuvo necesidad de una contratación de los que estaban por debajo de la autoridad humana. No habría habido forma de que Satanás prevaleciera, aun por su condición de querubín no habría prevalecido.

¿Hacia dónde nos lleva todo este descubrimiento de hechos? Nos lleva a entender que desde la creación estamos sometidos en una lucha de poderes.

La obra redentora de la Cruz del Calvario

> *"11 Y dijo: Un hombre tenía dos hijos; 12 Y el menor de ellos dijo a su padre: Padre, **dame la parte de la hacienda que me pertenece**: y les repartió la hacienda." <u>Lucas 15:11,12</u>*

El problema del hombre ha sido no entender la *heredad* que Dios le ha entregado. Esta actitud que viene desde Adam se pone de manifiesto en la parábola que Jesús contó acerca del hijo que vuelve a su padre, arrepentido, por la acción de haberse huido de casa con la parte de su herencia. En el relato, el hijo menor, reconoce las bondades de su padre, pero las reconoce luego de que ha desparramado su heredad.

Esta actitud prevalece aun el hijo mayor, porque aunque no ha salido de sus linderos, no entiende lo que significa vivir en casa de su padre, pues nunca se sintió en la libertad de disfrutar con sus amigos de los beneficios de su *heredad*.[45]

> *"22 Mas el padre dijo a sus siervos: Sacad el principal vestido, y vestidle; y poned un anillo en su mano, y zapatos en sus pies. 23 Y traed el becerro grueso, y matadlo, y comamos, y hagamos fiesta: 24 Porque este **mi hijo muerto era, y ha revivido**; habíase perdido, y es hallado. Y comenzaron a regocijarse." <u>Lucas 15:22-24</u>*

---

[45]   Lucas 15:28-31

La revelación que ofrece esta parábola es que descubre el principio por el cual Satanás se enfrenta ante el hombre, y los propósitos que lo mueven a hacerlo ponerlo en contra de Dios. También nos ayuda a entender acerca de la constitución física y espiritual del Adam de Edén, y sobre lo que significa su recuperación en este tiempo.

La revelación consiste en la reacción del padre luego del regreso del hijo menor. Observe que a su regreso, el padre lo reintegra nuevamente a su condición de *hijo*, no lo deja como *siervo* según la petición del mismo hijo, y según debía procederse de acuerdo aún a la misma ley mosaica, y hemos destacado este acto como *misericordia*. Pero este acto ha generado una complicación legal en cuanto al resto de la heredad que aún conserva. Su reintegración a la condición de hijo reactiva la posibilidad de convertirlo nuevamente en recipiente de una *heredad* adicional, al fallecimiento de su padre, y este quizá es la molestia del hijo mayor, pues sabe que la suya propia seria reducida para ajustarle la que le tocaría a su hermano menor.

Pero, ¿Qué relevancia tiene este dato para lo que estamos discutiendo? En la tradición judía del repartimiento de la heredad, el hijo primero recibía una doble porción de la heredad que recibirían todos los demás otros hijos. La heredad se repartía entre el número de hijos más uno, y al primogénito se le entregaba el doble.

Cuando revisamos el orden de los eventos descritos en la parábola del hijo menor que retorna a su casa, de cómo recibe una primera heredad –malgastada– y con la posibilidad de recibir otra luego de haber sido reintegrado a su condición de *hijo*, notamos que este hijo *menor* vino a recibir en la realidad como si se tratase de hijo primogénito, una doble heredad.

¿Cómo se debe entender esta situación? El hijo menor, en su condición de hijo rebelde, es el representante grafico del Adam que no entendió el valor de la *heredad*, y la pierde a manos del que con engaño le hizo creer que *serían semejantes a Dios*. La etapa del hijo menor que regresa a su padre entendiendo el valor de la *heredad*, es el representante grafico del hombre que restaura su condición, constitución y posición como formada a *la imagen y semejanza de Dios*.

Así pues, el valor real de la parábola es revelarnos que el propósito de Satanás es ponernos en una posición en contra de Dios para que así, de esta forma, devaluemos el valor de la *herencia* que de Dios hemos recibido, para arrebatárnosla de nuestras manos. Cada vez que el hombre actúa de esta forma degrada su posición y condición física y espiritual. Algo le es quitado de su cuerpo y de su espíritu que lo reducen a polvo, y lo desintegra totalmente.

El Adam que inicia la raza humana no era el mismo Adam del huerto del Edén. Su condición física y espiritual habría decaído tanto que si hubiera alguien visto el cambio habría dicho que se trataba de una mutación genética. Genéticamente hablando su constitución no era la misma, perdió facultades, habilidades, capacidades, conocimientos, que debieron haberlo convertido en una persona con muchas culpas y conflictos.

El valor de esta parábola es que nos lleva a entender el porqué de tanta saña de Satanás contra el hombre. El valor de esta parábola unido a los datos de la epístola a los Hebreos nos permite comprender por qué tanto interés de Satanás por atacar al hombre y buscar destruirlo. Se trata de que Satanás *mira* el riesgo de que el hombre restaure su constitución, significa para él la perdida de todo lo que obtuvo en el huerto de Edén de manos de Adam. Si una generación se levantara con esta convicción sería una generación que marcaría el fin de esta era adámica, y el fin del reino de las tinieblas.

La posición de Satanás en el origen de la Creación.

> *"En Edén, en el huerto de Dios estuviste: toda piedra preciosa fue tu vestidura; el sardio, topacio, diamante, crisólito, ónique, y berilo, el zafiro, carbunclo, y esmeralda, y oro, los primores de tus tamboriles y pífanos estuvieron apercibidos para ti en el día de tu creación. Tú, querubín grande, cubridor: y yo te puse; en el santo monte de Dios estuviste; en medio de piedras de fuego has andado." Ezequiel 28:13,14*

¿En qué consistió la rebelión de Satanás? ¿En qué fecha habría sucedido? ¿Qué lo llevó a revelarse? La contestación más popularizada que tenemos actualmente es que su rebelión consistió en *querer ser igual a Dios*,[46] sin embargo, por la actitud de ensañarse contra el hombre e ir en contra de él, para destruirlo, esta respuesta tendría que ser revisada y amplificada.

¿Cómo es posible que si su rebelión es contra Dios vaya contra del hombre? No se trata que por represalias ataque a la obra de Dios. En realidad debe de haber otra razón.

El texto de Ezequiel reseñado anteriormente nos descubre un dato que nos ayuda a entender la verdadera razón de su rebelión. El texto indica que antes de revelarse, por su condición y posición de *querubín, grande y cubridor*, Dios lo colocó en Edén, y hasta donde habíamos creído, el Edén habría sido creado para colocar en él al hombre. Este dato, sin embargo, nos revela que el Edén habría existido desde antes de la formación del hombre, y en él se le habría permitido a *querubín* construir un *santuario*[47] y moverse como si fuera su propiedad.

La preexistencia del Edén estaría confirmada por la redacción del relato de la formación de Adam, en el Génesis, cuando se describe que *había Jehová Dios plantado un huerto en Edén al oriente*.[48] La forma *había* —pretérito pluscuamperfecto— nos indica esta preexistencia, y correctamente avala el dato de Ezequiel.

Así que, el propietario original —o al menos su primer habitante— habría sido el *querubín grande y protector* y no el hombre como originalmente habíamos supuesto. Esto desde ya nos sugiere que en algún momento el hombre habría desplazado a *querubín* del Edén, y eso nos es suficiente para entender su saña contra el hombre.

---

[46] Isaías 14:13,14
[47] Ezequiel 28:18
[48] Génesis 2:8

> *"¹⁶A causa de la multitud de tu **contratación** fuiste **lleno de iniquidad**, y **pecaste:** por lo que yo te eché del monte de Dios, y te arrojé de entre las piedras del fuego, oh querubín cubridor. ¹⁷ **Enalteció se tu corazón** a causa de tu hermosura, **corrompiste tu sabiduría** a causa de tu resplandor: yo te arrojaré por tierra; delante de los reyes te pondré para que miren en ti."* Ezequiel 28:16,17

El relato de Ezequiel nos ofrece otros datos reveladores. Se nos indica que *querubín grande* inicia un proceso de *contrataciones* que lo llevaron a *pecar* y eventualmente a ser *arrojado (fuera)* del huerto. ¿A qué se refiere, Ezequiel?

Si *querubín* habría sido el primer habitante del Edén, y eventualmente Adam, no hay duda que *querubín grande* se sintió desplazado de su primer territorio, y hoy trata de recuperarlo, y lo logra a través de *contrataciones* –animales y angélicas– para hacer que Adam y Eva contraten entregar ese territorio a su antiguo dueño. La serpiente mencionada en el capítulo 3 del Génesis seria parte de esas contrataciones.

Se dice que *querubín grande corrompe su sabiduría* porque no le habría importado usar del engaño para obtener resultados, porque aunque la serpiente logra con hacer que tanto Adam como Eva coman del fruto *reservado,* obtienen un derecho y reclaman de Adam todo lo que Dios le había entregado a éste. Esto lo confirman las palabras de Satanás cuando éste tienta a Jesús:

> *Y le dijo el diablo: A ti te daré toda esta potestad, y la gloria de ellos; **porque a mí es entregada**, y a quien quiero la doy:*[49]

Así que, no hay duda entonces que desde un principio habría habido una lucha de poder entre Satanás y el hombre por poseer territorios.

---

[49]   Lucas 4:6

La posición del hombre frente a Satanás.

> *"Y había Jehová Dios plantado un huerto en Edén al oriente, **y puso allí al hombre que había formado.**" <u>Génesis 2:8</u>*

Nunca se hubiera imaginado Adam todo lo que tendría que haber enfrentado, solo por haber sido puesto en Edén. La ingenuidad de Adam no le permitía advertir que *querubín grande* estaba contratando para tenderle una trampa.

Esta situación nos recuerda un hecho insólito pero parecido a éste, en la vida de Pedro, la noche cuando Jesús fue entregado. Jesús le advirtió a Pedro *que Satanás lo había pedido para zarandearlo como a trigo.*[50] ¿Cómo se hubiera podido haber enterado, Pedro, si Jesús no se lo advierte?

¿Cómo se habría enterado, Adam, de lo que *querubín grande* estaba planificando? No había forma de que Adam se enterara de lo que en oculto se fraguaba en su contra. ¿Qué plan tendría Dios para ayudar a Adam?

> *"18 Y dijo Jehová Dios: **No es bueno que el hombre esté solo;** haréle ayuda idónea para él."* <u>Génesis 2:18</u>

Así como Jesús advirtió a Pedro de los planes ocultos de Satanás, en el huerto, Dios, provee de un recurso especial para cuidar al hombre. La declaración *No es bueno que el hombre esté solo* no se refiere al hecho de que Adam no tiene con quien compartir, hay suficiente trabajo en el Edén como para pensar que había tiempo para sentirse *solo*.

La concepción de Eva, de ser *ayuda idónea* (*Ezer K'enegdó:* עֵזֶר כְּנֶגְדּוֹ) es para advertirle a Adam de lo que está aconteciendo. Eva habría sido dotada

---

[50]   Lucas 22:31

de una capacidad y sensibilidad espiritual capaz de poder advertir sobre las cosas ocultas que se fraguaban en contra de Adam. Esto explicaría la razón de por qué la serpiente se dirige primero a Eva y no a Adam.

Relatos como los de Rebeca que advierte a Jacob sobre las intenciones de su padre de bendecir al primogénito,[51] y el de la esposa de Pilatos de advertirle acerca de que Jesús es un hombre justo y de que se abstenga de meterse contra él,[52] confirman esta sensibilidad espiritual de poder advertir antes que el hombre sobre lo que en oculto se trama en su contra.

Así que, el hombre está frente a *querubín grande* siendo perseguido en oculto teniendo a su alrededor muchos que han sido *contratados* para ponerlo en una posición en contra de Dios, y tan solo porque éste tiene algo de Dios que Satanás quiere arrebatarle. En la actualidad, en muchas ocasiones se encuentra solo, sin la posibilidad de que nadie le advierta del peligro.

La posición de la serpiente frente a la mujer.

> *"Empero la serpiente era astuta, más que todos los animales del campo que Jehová Dios había hecho; la cual dijo a la mujer: ¿Conque Dios os ha dicho: No comáis de todo árbol del huerto?" Génesis 3:1-19*

El hecho de que la serpiente forme parte de los animales *inmundos*[53] nos sugiere que no fue solamente la serpiente la única que formó parte de esta contratación, sino que hubo otros, y por cuyo acto, Dios prohíbe comerlos indicando que de hacerlo, la *santidad* de la persona podría estar en riesgo de contaminarse.

La serpiente no es Satanás mismo, es parte de la creación. Claramente el relato bíblico apunta que la serpiente *era la más astuta de todos los animales*

---

[51]   Génesis 27:6-9
[52]   Mateo 27:19
[53]   Levítico 11:41-44

creados por Dios.[54] En un momento determinado Adam tuvo que haber interactuado con ella, ya sea en el momento de asignarle nombre, o cuando Dios estuvo buscándole *ayuda idónea* (עֵזֶר כְּנֶגְדּוֹ).[55] ¿Qué habría sucedido que la serpiente aceptara trabajar para *querubín grande,* y dejar a un lado a aquel para quien había sido creada[56]?

El dialogo que inicia con la mujer y los datos que ambas presentan, nos hace entender que entre ambas se desarrolla una batalla de *revelaciones y discernimientos.* No perdamos de vista que la razón de ser –primaria y sustancial– de la formación de la mujer era la de *advertir* a Adam sobre las asechanzas ocultas que se fraguaban contra el hombre.

Así que, el dialogo de ambas no era un dialogo para acortar distancias, era una batalla que definiría quien se impondría sobre quién. El hecho de que en la deducción de responsabilidades luego de la caída de éstos, aparece Dios estableciendo que *siempre* existirá esta misma lucha entre ambas, nos confirma esta batalla de *revelaciones* que se inició ese día con motivo de la contratación que *querubín grande* hizo con la serpiente.

> *"Y **enemistad pondré entre ti y la mujer**, y entre tu simiente y la simiente suya; ésta te herirá en la cabeza, y tú le herirás en el calcañar. Génesis 3:15"*

Observemos en el dialogo el desarrollo de esta batalla. La serpiente quiere convencer a Eva que su revelación ha caducado.

> *"Af ki amar..." –Así que Dios ha dicho...*

Eva quiere convencer a la serpiente, por el contrario, que su revelación es válida, y que la que ofrece la serpiente no está apegada a la realidad divina. Argumenta que se trata de una revelación inferior, que proviene de los *otros dioses* que pueblan la tierra, y que es por lo tanto blasfema.

> *"Veló tige'u bo" –y no lo tocarán*

54　Génesis 3:1
55　Génesis 2:19,20
56　Génesis 1:24,25

La serpiente apela a una revelación que solo pertenece a Dios. Ella asegura que Dios no les ha confiado lo que realmente acontecerá si comen del árbol, asegura que Dios trata de esta forma de impedir que logren la culminación de su existencia.

"Lo mot temutum" –Morir no moriréis

"Ki yodea Elohim" –Pues Dios sabe-

"Vijeyitem ke Elohim" – Y seréis como Dios

Y ante este argumento, el *discernimiento* de Eva se oscureció, no supo que argumentar, y cedió.

> *Y **vio** la mujer que el árbol era bueno para comer, y que era agradable a los ojos, y árbol codiciable para alcanzar la sabiduría...*

Este acto pone de manifiesto que prevalece en el plano material – humano– un tipo de discernimiento *animal* que esta accesible a todos con un mínimo de sensibilidad espiritual, conocimiento de mentira, adivinación y vanidad, del cual toman aquellos que han iniciado el misterio de la iniquidad, del cual habla el apóstol Pablo.[57]

> *"Y sus profetas revocaban con lodo suelto, profetizándoles vanidad, y adivinándoles mentira, diciendo: Así ha dicho el Señor Jehová; y Jehová no había hablado." Ezequiel 22:28*

---

[57]   2da. Tesalonicenses 2:7

CAPÍTULO 3

RECONOCIENDO EL SEÑORÍO DE JESÚS. POSTRÁNDOSE ANTE EL MESÍAS

*"¹³ Y viniendo Jesús a las partes de Cesarea de Filipo, preguntó a sus discípulos, diciendo: **¿Quién dicen los hombres que es el Hijo del hombre?** ¹⁴ Y ellos dijeron: Unos, Juan el Bautista; y otros, Elías; y otros; Jeremías, o alguno de los profetas. ¹⁵ Él les dice: Y vosotros, ¿quién decís que soy? ¹⁶ Y respondiendo Simón Pedro, dijo: **Tú eres el Cristo, el Hijo del Dios viviente.** ¹⁷ Entonces, respondiendo Jesús, le dijo: Bienaventurado eres, Simón, hijo de Jonás; **porque no te lo reveló carne ni sangre, más mi Padre que está en los cielos.** ¹⁸ Más yo también te digo, que tú eres Pedro, y sobre esta piedra edificaré mi iglesia; y las puertas del infierno no prevalecerán contra ella. ¹⁹ Y a ti daré las llaves del reino de los cielos; y todo lo que ligares en la tierra será ligado en los cielos; y todo lo que desatares en la tierra será desatado en los cielos." Mateo 16:13-20*

El *señorío de Cristo* no es un concepto teológico surgido de la labor exegética del predicador. No puede, por lo tanto, restructurarse filosóficamente como para acomodarse a un código doctrinal.

El *señorío de Cristo* es el resultado de la revelación directa del Padre. El mismo señor Jesús advierte en Pedro que dicho conocimiento y ejercicio ha venido en relación a la revelación que de su Padre ha recibido.

Es el reconocimiento y aceptación de que *Jesús es el hijo de Dios*. No hay otra forma de recibir esa revelación.

> *Más **a todos los que le recibieron**, dióles potestad de ser hechos hijos de Dios, a los que creen en su nombre: juan 1:12*

Solo los que pueden verle como Jesús –salvador– y reconocerle como tal, son los únicos que como hijos pueden recibir esta revelación.

> *Y yo le vi, y he dado testimonio que **éste es el Hijo de Dios**. Juan 1:34*

> *Respondió Natanael, y díjole: **Rabbí, tú eres el Hijo de Dios**; tú eres el Rey de Israel. Juan 1:49*

Este era el motivo principal de constituirlos en *apóstoles*, que fueran testigos ante el mundo de que habían estado con él, que le conocieron y dan testimonio de que no se trata de un mentiroso.

> *Porque de tal manera amó Dios al mundo, que **ha dado a su Hijo unigénito**, para que todo aquel que en él cree, no se pierda, más tenga vida eterna... **El que en él cree**, no es condenado; más el que no cree, ya es condenado, porque no creyó en el nombre del unigénito Hijo de Dios... **El que cree en el Hijo**, tiene vida eterna; más el que es incrédulo al Hijo, no verá la vida, sino que la ira de Dios está sobre él. Juan 3:16, 18,36*

Jesús es el recurso presentado por Dios de la misma forma como Abraham presentó al hijo de su promesa en sacrificio, para por medio de él *bendecir a todas las familias de la tierra.* Jesús es el hijo de la promesa enviado para bendición de la generación adámica.

> *Y respondióle Simón Pedro: Señor, ¿a quién iremos? tú tienes palabras de vida eterna. ⁶⁹ Y* ***nosotros creemos y conocemos que tú eres el Cristo, el Hijo de Dios viviente.*** *Juan 6:68,69*

El apóstol Pedro da testimonio repetidas veces de que Jesús es el hijo de Dios, de su señorío, y que por él se obtiene vida eterna.

> *³⁵ Oyó Jesús que le habían echado fuera; y hallándole, díjole: ¿**Crees tú en el Hijo de Dios?** ³⁶ Respondió él, y dijo: ¿Quién es, Señor, para que crea en él?³⁷ Y díjole Jesús: Y le has visto, y el que habla contigo, él es. ³⁸ Y él dice: **Creo, Señor; y adoróle.** Juan 9:35-38*

> *²⁷ Dícele: **Sí Señor; yo he creído que tú eres el Cristo,** el Hijo de Dios, que has venido al mundo. Juan 11:27*

Son centenares los que recibieron esta revelación del Padre: Jesús es el cristo, es Dios mismo, y ha iniciado un proceso de revelación –las buenas nuevas del reino– y está llevando a todos los que le reciben a formar parte de este reino.

> *³¹ Estas empero son escritas, para que creáis que **Jesús es el Cristo, el Hijo de Dios;** y para que creyendo, tengáis vida en su nombre. Juan 20:31*

> *Todas las cosas me son entregadas de mi Padre: y nadie conoció al Hijo, sino el Padre; ni al Padre conoció alguno, sino el Hijo, **y aquel a quien el Hijo lo quisiere revelar.** <u>Mateo 11:27</u>*

El *señorío* de Cristo es el reconocimiento de que Jesús es Dios en manifestación humana. Es importante este reconocimiento porque su presencia obedece a la necesidad impuesta por Dios de recuperar lo que Adam perdió en el huerto de Edén. Pablo ensena magistralmente sobre este aspecto al apuntar que Jesús es el *segundo Adam.*

No por capricho, el apóstol Juan, ve la necesidad de que al *discernirse* los espíritus sea imprescindible que la prueba sea el que éstos *confiesen que Jesús vino en la carne.*[58] Y es que su importancia radica en el hecho de que Jesús –*el postrer Adam*– está concluyendo una labor inconclusa dejada en pausa por Adam en el huerto de Edén. Se trata de la recuperación de la *heredad* que Dios otorgó a Adam, que requería cuidado, atención y sojuzgamiento, porque en ella Satanás había iniciado una rebelión.

> *⁵ Así también está escrito: Fue hecho el primer hombre Adam en ánima viviente; **el postrer Adam** en espíritu vivificante. ⁴⁶ Mas lo espiritual no es primero, sino lo animal; luego lo espiritual. ⁴⁷ El primer hombre, es de la tierra, terreno: **el segundo hombre, que es el Señor,** es del cielo.*
> <u>1ra. Corintios 15:45,46</u>

Para recuperar todo lo que Adam ha perdido era necesario que el otro *Adam* en igualdad de condiciones que el primero se enfrentara antes Satanás, pero esta vez sin ceder al engaño al cual fue sometido el primero. Por eso era necesaria la condición humana para que así también pudiera transmitir a los otros los beneficios conquistados.

---

[58]   1ra. Juan 4:1-3

*Ninguno puede venir a mí, **si el Padre que me envió no le trajere**. Juan 6:44*

*"Y dijo: Por eso os he dicho que **ninguno puede venir a mí, si no le fuere dado del Padre**." Juan 6:65*

El *señorío de Cristo* requiere que quien sustente este conocimiento reordene toda su vida en torno al reino de Dios. El caso del joven rico que quiere conocer sobre el camino de la perfección no pudo cumplir con la demanda presentada por Jesús, pese a que conocía ampliamente lo que la ley mosaica planteaba acerca de la benevolencia hacia el prójimo.[59]

Es que no se trata de conocimiento propiamente, es una revelación que exige que quien la recibe establezca un orden de acuerdo a las buenas nuevas del reino.

> *"13 Que nos ha librado de la potestad de las tinieblas, y **trasladado al reino de su amado Hijo**;" Colosenses 1:13*

Las reglas del reino no son las mismas que operan en este sistema adámico. Adam permitió el ingreso de las tinieblas, de la muerte y se entregó como esclavo del mal. Por eso no puede continuarse con la estructura adámica. Es necesario adoptar la imagen del postrer Adam creado según la justicia del reino.[60]

> *"5 ¿Quién es el que vence al mundo, sino el que cree que Jesús es el Hijo de Dios? 6 Este es Jesucristo, que vino por agua y sangre: no por agua solamente, sino por agua y sangre. Y el Espíritu es el que da testimonio: porque el Espíritu es la verdad. 1ra. Juan 5:5,6"*

---

[59]   Mateo 19:16,17: (Marcos 10:16-18; Lucas 18:17-19)
[60]   Colosenses 3:10

Así como Eva fue engañada por una revelación animal producto de la vanidad de las contrataciones emitidas desde el santuario de *querubín grande*, los que se agregan al reino deben entender que sufrirán el mismo embate, por eso es importante entender que el reino de Dios tiene su propia forma de operar, que es por el *señorío de Cristo* la única forma de librase de esa carga de engaño.

> *"15 Profeta de en medio de ti, de tus hermanos, como yo, te levantará Jehová tu Dios: a él oiréis: 16 Conforme a todo lo que pediste a Jehová tu Dios en Horeb el día de la asamblea, diciendo: No vuelva yo a oír la voz de Jehová mi Dios, ni vea yo más este gran fuego, porque no muera. 17 Y Jehová me dijo: Bien han dicho. 18 Profeta les suscitaré de en medio de sus hermanos, como tú; y pondré mis palabras en su boca, y él les hablará todo lo que yo le mandare. Deuteronomio 18:15-18"*

> *"27 Y comenzando desde Moisés, y de todos los profetas, declarábales en todas las Escrituras lo que de él decían. Lucas 24:27"*

El *señorío de Cristo* es la conclusión profética de los escritos del Antiguo Testamento. En Jesús convergen todos los profetas dando lugar a un reinado de paz, de reposo, concluyendo de esta manera todos los ciclos creativos que aún estaban inconclusos. Es el tiempo de la canción, el tiempo de la visitación, del deleite, de refrigerio, de transformación. Ahora podemos entender a Jesús enseñándole a Nicodemo, y advirtiéndole que ha llegado *un nuevo nacimiento: el señorío de Jesús.*

Postrándose ante el Rey Mesías. Comienza la Redención: una relación de hechos entre las vidas de José ('Tzafnat Paneaj) y Jesús (Rabí Iehoshua)

> *"5 Y soñó José un sueño, y contólo a sus hermanos; y ellos vinieron a aborrecerle más todavía. 6 Y él les dijo: Oíd ahora este sueño que he soñado: 7 He aquí que atábamos manojos en medio del campo, y he aquí que mi manojo se levantaba, y estaba derecho, y que **vuestros manojos estaban alrededor,***

y se inclinaban al mío. *8 Y respondiéronle sus hermanos: ¿Has de reinar tú sobre nosotros, o te has de enseñorear sobre nosotros? Y le aborrecieron aún más a causa de sus sueños y de sus palabras. <u>Génesis 37:5-8</u>"*

El *señorío de Cristo* es una activación espiritual, y la forma para hacerlo es a través de postrarse físicamente.

El conocimiento parcial de que no hay que hacer nada mas de nuestra parte para alcanzar los beneficios de la cruz son hoy día el mayor estancamiento que tenemos dentro de las filas del cristianismo. En buen por ciento de nuestras iglesias se ha desestimado el arrodillarse como una forma necesaria de adoración. Hemos creído y argumentado que ese acto se ejecuta, en el corazón, cuando nos sometemos a Su voluntad.

La verdad es que la Biblia entera apunta en otra dirección. Si revisamos la promesa de bendición que Abraham recibió como producto de su obediencia y de haber creído a su Palabra, veremos que Dios le ofrece que *su simiente poseerá las puertas de sus enemigos.*[61] Antiguamente, la forma para indicar que alguien había sido sometido a otro era arrodillándose ante este. Así que si de poseer las puertas de los enemigos se trata, no hay duda que estos han sido postrados antes.

En el Nuevo Testamento, en el relato de cuando Jesús pregunta de los comentarios populares acerca de su persona, la declaración de Jesús a Pedro incluye la salvedad de que *las puertas del infierno no prevalecerán contra ella (mi iglesia).*

Y como si fuera poco, Pablo también ensenó al respecto, y dijo: *"9 Por lo cual Dios también le ensalzó a lo sumo, y dióle un nombre que es sobre todo nombre; 10 Para que en el nombre de Jesús **se doble toda rodilla de los que están en los cielos, y de los que en la tierra, y de los que debajo de la tierra;** 11 Y toda lengua confiese que Jesucristo es el Señor, a la gloria de Dios Padre."*

---

[61]   Génesis 22:17

Así que, el arrodillarse y postrase ante Jesús es la forma estipulada en el reino para activar los beneficios proféticos alcanzados en la cruz.

El *señorío de cristo* es una activación espiritual, porque aunque ya hay indicios de su necesidad en los relatos de la bendición de Abraham, no es sino en José, el hijo de Jacob, en quien vemos consumado el beneficio de redención alcanzado a través de su ejercicio.

José recibe lo que él entiende que es un sueño, y lo trabajó como tal. No fue sino en Egipto, al interpretar otros sueños, que se percata que el suyo propio se trataba de una *activación profética*. El entiende que tiene la capacidad de activar vida o muerte, como en el caso del panadero y el copero; provisión o escases, como en el caso de las vacas gordas y las vacas enjutas. José ha advertido las capacidades especiales que posee: "*Y díjoles José: ¿Qué obra es esta que habéis hecho? **¿No sabéis que un hombre como yo sabe adivinar?***"[62]

Fue precisamente esa capacidad de entender la revelación que podría estar presente en los sueños lo que lo llevó a convertirse en el más importante y con más rango en Egipto, después de Faraón.

> "*39 Y dijo Faraón a José: Pues que Dios te ha hecho saber todo esto, **no hay entendido ni sabio como tú:** 40 Tú serás sobre mi casa, y **por tu dicho se gobernará todo mi pueblo:** solamente en el trono seré yo mayor que tú. 41 Dijo más Faraón a José: He aquí yo te he puesto sobre toda la tierra de Egipto. 42 Entonces **Faraón quitó su anillo de su mano, y púsolo en la mano de José,** e hízole vestir de ropas de lino finísimo, y puso un collar de oro en su cuello; 43 E hízolo subir en su segundo carro, y pregonaron delante de él: **Doblad la rodilla:** y púsole sobre toda la tierra de Egipto.*
> *Génesis 41:39-43*"

---

[62]   Génesis 44:15

Y comenzó la activación. No solo se trataba de un trabajo que habría de ejecutar, era una posición de gobierno a la que fue asignado. Ejecutaría una operación espiritual de redención para todos aquellos que le reconocieran y doblaran la rodilla ante él. Era un requisito inalienable e insustituible.

> *"⁵ Y vinieron los hijos de Israel a comprar entre los que venían: porque había hambre en la tierra de Canaán. ⁶ Y José era el señor de la tierra, que vendía a todo el pueblo de la tierra: **y llegaron los hermanos de José, e inclináronse a él rostro por tierra**. ⁷ Y José como vio a sus hermanos, conociólos; mas hizo que no los conocía, y hablóles ásperamente, y les dijo: ¿De dónde habéis venido? Ellos respondieron: De la tierra de Canaán a comprar alimentos. ⁸ José, pues, conoció a sus hermanos; pero ellos no le conocieron. ⁹ **Entonces se acordó José de los sueños que había tenido de ellos,** ... Génesis 42:5-9"*

José reconoce a sus hermanos, ellos no logran reconocerle de momento. Pero sin haberse enterado de lo que hacían, al postrarse ante José, en cumplimiento al sueño profético que se le había dado, sus hermanos estaban activando para sí la redención de sus propias almas.

En la divulgación por parte de José del propósito de estar en ese lugar, él declara que se trataba de una operación divina, Dios lo envió adelante *para preservación de vida.*

Pero ¿por qué advertir con bastante anterioridad lo que habría de acontecer? No hay duda que esta forma de proceder le serviría para mostrarle el valor de *postrarse* ante aquel que tiene la capacidad de activar los beneficios proféticos de bendición y prosperidad, según el modelo que se estableció a partir de Abraham.

> *"¹ NO podía ya José contenerse delante de todos los que estaban al lado suyo, y clamó: Haced salir de conmigo a todos. Y no quedó nadie con él, al darse a conocer José a sus hermanos. ² Entonces se dio a llorar a voz en grito; y oyeron los egipcios, y oyó también la casa de Faraón. ³ Y dijo José a sus hermanos: Yo soy José: ¿vive aún mi padre? Y sus hermanos no pudieron responderle, porque estaban turbados delante de él. ⁴ Entonces dijo José a sus hermanos: Llegaos ahora a mí. Y ellos se llegaron. Y él dijo: Yo soy José vuestro hermano el que vendisteis para Egipto. ⁵ Ahora pues, no os entristezcáis, ni os pese de haberme vendido acá; que **para preservación de vida me envió Dios delante de vosotros**: Génesis 45:1-5"*

Los primeros discípulos de Jesús percibieron también esta práctica y plasmaron en sus escritos varios ejemplos de cómo en su ejercicio ellos alcanzaban la activación de los beneficios otorgados a los descendientes de Abraham. He aquí solo algunos ejemplos:

> *"²⁵ Entonces ella vino, y **le adoró**, diciendo: Señor socórreme."* Mateo 15:25

> *"³³ Entonces los que estaban en el barco, vinieron y **le adoraron**, diciendo: Verdaderamente eres Hijo de Dios."* Mateo 14:33

> *"² Y he aquí un leproso vino, y **le adoraba**, diciendo: Señor, si quisieres, puedes limpiarme."* Mateo 8:2

> *"¹⁸ Hablando él estas cosas a ellos, he aquí vino un principal, y le adoraba, diciendo: Mi hija es muerta poco ha: más ven y pon tu mano sobre ella, y vivirá."* <u>Mateo 9:18</u>

No hay duda que el *postrarse* no obedece a un elemento cultural, es el reconocimiento de que al hacerlo –la persona que lo practica– activa para sí un beneficio profético extraído de los testimonios que desde Abraham circulan como parte de la tradición oral. Este recurso está vigente para nuestro tiempo, y practicarlo nos proporciona una posición estratégica frente a las huestes espirituales de maldad.

Recordemos que el apóstol Pablo estableció como fundamente de la fe que *estemos prestos a castigar toda desobediencia*, pero solamente *cuando nuestra obediencia fuere cumplida.*[63]

Solamente quien se ha sabido postrar ante el Todopoderoso tiene la capacidad de hacer que las tinieblas sean doblegadas ante la autoridad delegada por Jesús.

---

[63]   2da. Corintios 10:6

CAPÍTULO 4

EL PAN DE LOS HIJOS. TESOROS ESCONDIDOS

*"Y saliendo Jesús de allí, se fue a las partes de Tiro y de Sidón. Y he aquí **una mujer Cananea**, que había salido de aquellos términos, clamaba, diciéndole: Señor, Hijo de David, ten misericordia de mí; mi hija es malamente atormentada del demonio. Más él no le respondió palabra. Entonces llegándose sus discípulos, le rogaron, diciendo: Despáchala, pues da voces tras nosotros. Y él respondiendo, dijo: No soy enviado sino a las ovejas perdidas de la casa de Israel. Entonces ella vino, y le adoró, diciendo: Señor socórreme. Y respondiendo él, dijo: **No es bien tomar el pan de los hijos**, y echarlo a los perrillos. Y ella dijo: Sí, Señor; más los perrillos comen de las migajas que caen de la mesa de sus señores. Entonces respondiendo Jesús, dijo: Oh mujer, **grande es tu fe**; sea hecho contigo como quieres. Y fue sana su hija desde aquella hora." <u>Mateo 15:21-28</u>*

Si hay algo que debemos destacar en la enseñanza de Jesús, es que sus palabras nunca fueron pronunciadas al azar, sin conciencia de lo que podrían significar. Jesús conocía el alcance de sus palabras, y la trascendencia que llegarían a tener tanto en el tiempo como en lo espiritual, así que, la expresión *el pan de los hijos,* no es solo una expresión idiomática producto de un nacionalismo cultural o religioso; representa la convicción de que el hombre ha sido convertido a la condición de esclavo, está atado a disposiciones legales que le impiden escaparse de sus opresores, y que solo puede recibir la liberación cuando entiende que una vez fue hijo, y que solo volviendo a su padre podrá obtener la redención.

En el texto citado, el caso que le presentan a Jesús es el de una madre con su hija *atormentada* por el demonio. La mujer era de ascendencia Siro-fenicia, de las regiones de Tiro y Sidón, una mujer que lo único que tenia de referencia era la fama de Jesús.[64] No era el único caso de esa índole que le habían presentado hasta ese momento; muchos casos similares había tratado anteriormente, pero una diferencia se marcó con este caso en particular: la mujer fue rechazada. ¿Por qué este caso fue rechazado?

Esta historia tiene el propósito de establecer dos principios importantes con respecto al ejercicio de la liberación. Jesús establece el principio fundamental que regula la aplicación de la liberación: *el pan es para los hijos.* La mujer no es rechazada por su ascendencia regional, es rechazada porque ella no está formando parte del reino de Dios.

La respuesta dada sugiere que la liberación es para los que están sometidos, incluidos o que siguen los preceptos del reino de Dios. No se puede libertar de las tinieblas a uno que no quiere salir de su jurisdicción.

El segundo principio que se establece con esta historia, es con respecto a la forma de cómo librarse del reino de las tinieblas, lo que también sería también equivalente, a la forma como ingresar al reino de Dios Hasta este momento *reino de Dios* es equivalente a *reino de Israel,* y por eso cuando la mujer es rechazada podría haberse pensado que se debió a la naturaleza de su ascendencia regional.

La respuesta de la mujer: *"Sí, Señor; más los perrillos comen de las migajas que caen de la mesa de sus señores",* estaría mostrando la convicción de la mujer de que acudía a Jesús no solo por su fama sino porque dentro de ella había ya un reconocimiento del señorío y divinidad de Jesús. El segundo principio que se establece, y es un principio medular, muestra que la *fe* es la única forma disponible para que el hombre pueda librarse del reino de las tinieblas, y acogerse a la Gracia del Padre que reinstala a la condición de hijos.

¿Por qué usa la imagen de *pan* para referirse a la liberación?

---

[64]   Mateo 4:24; 9:26,31

Hay un proceso de revelación con el *comer*, no se trata únicamente de alimentar el cuerpo para que siga funcionando. El alimento es un vínculo con la realidad espiritual, y puede llevar al hombre a descubrir tanto lo bueno como lo malo, dependiendo del tipo del alimento y de las circunstancias en que lo ingiera.

Cuando tanto el hombre como la mujer comieron, dice el texto bíblico, *fueron abiertos sus ojos.*[65] Y es confirmado cuando Dios los encuentra escondidos, cuando les pregunta *¿Quién te enseñó...?*[66] Hay un proceso de revelación acerca tanto del *bien* como del *mal*, y de acuerdo a este principio espiritual se llegó a regular la vida nacional de los habitantes del reino de Israel.

En vista de que el fruto pertenecía al *árbol de la ciencia del bien y del mal*, el hombre está facultado ahora a saber acerca del *bien* y del *mal*, y dependerá de lo que coma de aquí en adelante que se inclinará a un lado o al otro.

El nazareo, por ejemplo, durante su tiempo de consagración o voto no podía comer ciertos alimentos porque perdía valor su consagración:

> "³***Se abstendrá*** *de vino y de sidra; vinagre de vino, ni vinagre de sidra no beberá, ni beberá algún licor de uvas, ni tampoco comerá uvas frescas ni secas.* ⁴ ***Todo el tiempo de su nazareato****, de todo lo que se hace de vid de vino, desde los granillos hasta el hollejo, no comerá"*
> *Números 6:3,4*

De igual forma, el sacerdote no podía comer ni beber ciertos alimentos porque le hacían perder discernimiento, inclusive ponía en riesgo su santidad:

---

[65] Génesis 3:7
[66] Génesis 3:11

> *⁹ Tú, y tus hijos contigo, **no beberéis** vino*
> *ni sidra, cuando hubiereis de entrar en el*
> *tabernáculo del testimonio, **porque no muráis:***
> *estatuto perpetuo por vuestras generaciones; ¹⁰ Y*
> ***para poder discernir** entre lo santo y lo profano,*
> *y entre lo inmundo y lo limpio; ¹¹ **Y para enseñar***
> *a los hijos de Israel todos los estatutos que Jehová*
> *les ha dicho por medio de Moisés.'' <u>Levítico</u>*
> <u>10:9-11</u>

En la derrota que sufrieron los filisteos a manos de Jonathan, hijo de Saúl, en una pausa que tienen luego de la batalla, *Jonathan alargó la punta de una vara que traía en su mano, y mojóla en un panal de miel, y llegó su mano a su boca; **y sus ojos fueron aclarados.***[67]

El hijo que pidió la parte de su herencia a su padre, cuando se encuentra en estado de inanición, y desea *comer* de las algarrobas de los cerdos, *volvió en sí.*[68]

Judas Iscariote, el discípulo de Jesús que lo traicionó, justo la noche que tomaban la cena y se instituía la cena del Señor, en un momento determinado, *tras el bocado Satanás entró en él.*[69]

Y que diríamos de la decisión de Daniel y sus compañeros, Ananías, Misael y Azarías, en tierra de Sinar, Babilonia. ¿Puede legumbres y agua solamente hacer una diferencia notable en tan solo 10 días? Es que no se trataba del valor alimenticio de las legumbres. Ellos optaron por someterse a procesos de revelación que estaban unidos al alimento que seleccionaron. Claramente el texto indica que ellos *propusieron en su corazón de no contaminarse en la ración de la comida del rey, ni en el vino de su beber:*[70] no se trata de ritos sin mayor trascendencia que la provocar

---

[67]   I Samuel 14:27
[68]   Lucas 15:17
[69]   Juan 13:27
[70]   Daniel 1:8

en sus seguidores una conducta diferente, se trata de revelaciones que descubrieron en su dialogo con Dios.

Moisés se ocupó de establecer una regulación sobre el valor de los alimentos, y el riesgo que representaba para el hombre ingerir aquellos que no cumplieran la restricción establecida.

- *Éxodo 22.31 Y habéis de serme **varones santos:** y **no comeréis carne arrebatada de las fieras** en el campo; a los perros la echaréis.*

- *Levitico3.17 Estatuto perpetuo por vuestras edades; en todas vuestras moradas, **ningún sebo ni ninguna sangre comeréis.***

- *Levitico7.23 Habla a los hijos de Israel, diciendo: Ningún sebo de buey, ni de cordero, ni de cabra, comeréis.*

- *Levitico7.24 El sebo de animal mortecino, y el sebo del que fue arrebatado de fieras, se aparejará para cualquiera otro uso, mas no lo comeréis.*

- *Levitico7.26 Además, **ninguna sangre comeréis** en todas vuestras habitaciones, así de aves como de bestias.*

- *Levitico10.14 **Comeréis asimismo en lugar limpio,** tú y tus hijos y tus hijas contigo, el pecho de la mecida, y la espaldilla elevada, porque por fuero para ti, y fuero para tus hijos, son dados de los sacrificios de las paces de los hijos de Israel.*

- *Levitico11.2-4 Hablad a los hijos de Israel, diciendo: **Estos son los animales que comeréis** de todos los animales que están sobre la tierra. De entre los animales, **todo el de pezuña, y que tiene las pezuñas hendidas, y que rumia, éste comeréis.** Estos empero **no comeréis de los que rumian, y de los que tienen pezuña: el camello,** porque rumia mas no tiene pezuña hendida, habéis de tenerlo por inmundo;*

- *Levitico11.8, 9 De la carne de ellos no comeréis, ni tocaréis su cuerpo muerto: **tendréislos por inmundos.***

- *Levitico11.9 Esto comeréis de todas las cosas que están en las aguas:* **todas las cosas que tienen aletas y escamas** *en las aguas de la mar, y en los ríos, aquellas comeréis;*

- *Levitico11.11 Os serán, pues, en abominación: de su carne no comeréis, y* **abominaréis sus cuerpos muertos.**

- *Levitico11.21 Empero esto comeréis de todo reptil alado que anda sobre cuatro pies,* **que tuviere piernas además de sus pies para saltar** *con ellas sobre la tierra;*

- *Levitico11.22 Estos comeréis de ellos: la langosta según su especie, y el langostín según su especie, y el aregol según su especie, y el haghab según su especie.*

- *Levitico11.42 Todo lo que anda sobre el pecho, y todo lo que anda sobre cuatro o más pies, de todo reptil que anda arrastrando sobre la tierra,* **no lo comeréis**, *porque es abominación.*

- *Levitico17.14 Porque el alma de toda carne, su vida, está en su sangre: por tanto he dicho a los hijos de Israel:* **No comeréis la sangre de ninguna carne**, *porque la vida de toda carne es su sangre: cualquiera que la comiere será cortado.*

Esta historia de la mujer siro-fenicia nos sirve no solo para enterarnos de un milagro de liberación provocada por Jesús en favor de su hijo, su valor trasciende al campo doctrinal, porque nos ayuda a integrar dentro de la doctrina cristiana el principio espiritual de que el hombre es un esclavo del reino de las tinieblas —no porque comete pecado— sino porque fue constituido a tal posición por *querubín grande* cuando por engaño fue obligado a *comer* del fruto del que se le dijo *no comerás de* él. Es esclavo y trae consigo la imagen del que lo constituyó como tal.

Así que, la liberación es el recurso que Dios ha dispuesto para que el hombre pueda recuperar todo aquello que le fue arrebatado, y volver a ocupar su posición de *cabeza* de la creación, según la *imagen y semejanza* de quien lo formó.

La imagen presentada por la parábola del hijo menor que vuelve a su casa,[71] y es reinstalado a su condición de hijo, es el planteamiento clásico que mejor representa esta actividad divina de *libertar* a los hijos que están a expensas del reino de las tinieblas. Esta fue la visión con la cual Jesús inició su ministerio, y la base misma del evangelio del reino de Dios.[72]

No sólo de pan vivirá el hombre

> *"Y llegándose a él el tentador, dijo: Si eres Hijo de Dios, di* **que estas piedras se hagan pan.** *Mas él respondiendo, dijo: Escrito está:* **No con solo el pan vivirá el hombre,** *mas con toda palabra que sale de la boca de Dios." Mateo 4:3,4*

Jesús llega para inaugurar una nueva era para la humanidad, es la era de *la restauración de todas las cosas,*[73] y está disponible para cuantos quieran acogerse por la fe en el nombre de Jesús, a la Gracia y misericordia del Padre.

Hasta este momento el *hombre era lo que comía.* A partir de Jesús el principio se mantendría pero distinguiendo una sola comida: *No con solo el pan vivirá el hombre, mas* **con toda palabra que sale de la boca de Dios.** ¿A qué se refería con estas palabras?

En el huerto del Edén Dios le estableció que tenía permiso para alimentarse: *"*[29]* Y dijo Dios: He aquí que os he dado toda hierba que da simiente, que está sobre la haz de toda la tierra; y todo árbol en que hay fruto de árbol que da simiente, seros ha para comer.* [30] *Y a toda bestia de la tierra, y a todas las aves de los cielos, y a todo lo que se mueve sobre la tierra, en que hay vida, toda hierba verde les será para comer: y fue así."*[74]

A partir de este momento, en la era inaugurada por Jesús, solo tendría acceso a un solo tipo de comida: la Palabra de Dios. Ya se había dado un adelanto de ello, en el desierto, cuando por espacio de 40 años el pueblo había sido alimentado con *ma-nah, comida que no conocías tú, ni tus padres la habían conocido.*

---

71 Lucas 15:11-32
72 Lucas 4:17-21. véase también Isaías 61:1-3
73 Hechos de los apóstoles 3:21
74 Génesis 1:29,30

El hombre en Jesús vería ahora en la palabra el *bien* y el *mal,* lo *santo* y lo *profano,* lo *lícito* y lo *no conveniente,* la *vida* y la *muerte,* y en cada una de estas situaciones debería de buscar lo que serviría para su crecimiento y restauración.

Es así como, Jesús ante dos palabras, en la segunda tentación,[75] puede optar por una de ellas sin la culpa de que ha rechazado la Palabra de Dios. A eso mismo obedece que en el altercado con los fariseos sobre lo que es lícito hacer en sábado, Jesús establece la razón de ser de la ley mosaica: *"2 Y viéndolo los Fariseos, le dijeron: He aquí tus discípulos **hacen lo que no es lícito hacer en sábado.** 3 Y él les dijo: ¿No habéis leído qué hizo David, teniendo él hambre y los que con él estaban: 4 **Cómo entró en la casa de Dios, y comió los panes de la proposición, que no le era lícito comer, ni a los que estaban con él, sino a solos los sacerdotes?** 5 O ¿no habéis leído en la ley, que los sábados en el templo los sacerdotes profanan el sábado, y son sin culpa? 6 Pues os digo que uno mayor que el templo está aquí. 7 Más si supieseis qué es: **Misericordia quiero y no sacrificio,** no condenarías a los inocentes: 8 Porque Señor es del sábado el Hijo del hombre."*

La mujer encontrada en pleno acto de adulterio fue exonerada, no porque Jesús hubiera abrogado la ley, sino porque vio en *la palabra* el argumento que dejaba libre a quien comiera de ella. El texto de la ley mosaica citaba efectivamente apedrear a las tales: *"22 Cuando se sorprendiere alguno echado con mujer casada con marido, entrambos **morirán,**..."*,[76] pero se incluía dentro de sí misma la provisión de la libertad: *"...el hombre que se acostó con la mujer, y la mujer: **así quitarás el mal de Israel.**".* No se trataba de matar a las personas, sino de quitar el mal de en medio de ellas. Esa era la comida que dejaba en libertad, el pan de los hijos.

Los discípulos fueron instruidos acerca de esta forma de *alimentarse* de la Palabra de Dios, y comenzaron a ver en ella, una Palabra de libertad: *"25 Mas el que hubiere mirado atentamente en **la perfecta ley, que es la de la libertad,** y perseverado en ella, no siendo oidor olvidadizo, sino hacedor de la obra, este tal será bienaventurado en su hecho."*[77]

---

75 Mateo 4:5-7
76 Deuteronomio 22:22
77 Santiago 1:25

> *³⁸ Porque como en los días antes del diluvio estaban **comiendo y bebiendo**, casándose y dando en casamiento, hasta el día que Noé entró en el arca, ³⁹ Y no conocieron hasta que vino el diluvio y llevó a todos, así será también la venida del Hijo del hombre. <u>Mateo 24:38,39</u>*

Así que, tanto en el Antiguo Testamento como en el Nuevo, vemos al hombre impelido a *comer* de una comida que no se nos es lícito comer, pero a Satanás urgiéndonos a comer. Se establece un vínculo entre la comida y la realidad espiritual del sitio donde se origina el acto.

Cuando Jesús, entonces, recurre a la expresión *no con solo el pan vivirá el hombre* —acuñada por Moisés— busca advertir de la conexión que en Adam surgió entre la comida y las acechanzas espirituales de *querubín grande*, y pretende ahora, que el hombre sea lo suficientemente consciente para descubrirlas, para contrarrestarlas y para desbaratar todo aquello que haya venido en su contra. De esta manera, Jesús, ha iniciado el proceso de restauración del hombre bajo el dominio de satanás.

La provisión divina.

> *"Y acordarte has de todo el camino por donde te ha traído Jehová tu Dios estos cuarenta años en el desierto, para afligirte, por probarte, para saber lo que estaba en tu corazón, si habías de guardar o no sus mandamientos. Y te afligió, é hízote tener hambre, **y te sustentó con maná, comida que no conocías tú**, ni tus padres la habían conocido; para hacerte saber que el hombre no vivirá de solo pan, más de todo lo que sale de la boca de Jehová vivirá el hombre." <u>Deuteronomio 8:2,3</u>*

Este tema se ha manejado hasta este momento como parte de una obra sobrenatural —extraordinaria— entendida como el clímax de la experiencia cristiana. Pero, cuando revisamos la vivencia en el desierto de cerca de dos millones de personas, alimentados diariamente por espacio de cuarenta años, tenemos que entender que no pretende ser presentada por Dios de la forma como la concebimos hoy.

La provisión divina es la forma de operar dentro del reino de Dios. Jesús lo dejó manifiesto a través de los milagros de provisión divina que ejecutó: Los cinco panes y dos peces entre cinco mil hombres, sin contar las mujeres y los niños.[78] Los siete panes y unos pocos pececillos entre siete mil hombres, sin contar las mujeres y los niños.[79] La pesca a la que Jesús hizo a pedro tirar la red temprano por la mañana,[80] la pesca del pez del cual pedro sacó *un estatero*, para pagar las dos dracmas del impuesto,[81] no son testimonios para hacer crecer la fe de los lectores, es la estipulación del principio que opera dentro del reino de Dios, en torno a que Dios provee a los suyos de todas las cosas que necesitan.

¿Por qué la provisión divina está unida a la liberación? Como lo hemos advertido desde el inicio de este capítulo, Satanás busca que el hombre *coma* alimento contaminado para hacerlo entrar en pactos de esclavitud, en muchos de los casos, para lograrlo Satanás provoca que escasee el alimento para que así el hombre se vea forzado a *comer* del alimento que él le sugiere.

Casos como el de Abraham que sufre de escasez de alimento justamente cuando llega a la tierra de la promesa, escasez que lo empuja a buscar ayuda y refugio en Egipto.[82] El caso de Noemí que se refugia en Moab por falta de alimento en Belén,[83] entre otros, son ejemplos fehacientes de planes satánicos para producir esclavitud y muerte.

La provisión divina tiene que saberse valorar. Esaú no supo valorar su condición de hijo primogénito, y vendió su primogenitura,[84] precisamente por una comida. Seamos sabios, y advirtamos los procesos de Dios a través de la provisión divina que Él nos provee.

---

[78] Mateo 14:14-21
[79] Mateo 15:32-37
[80] Lucas 5:4-9
[81] Mateo 17:24-37
[82] Génesis 12:10
[83] Ruth 1:1
[84] Génesis 25:31,32

La provisión divina es la acción de Dios para los que están operando dentro de los linderos del reino de Dios para impedir que los suyos se alimenten de comida contaminada y caigan en las redes de las tinieblas.

Pero no todos pueden ver la provisión divina como la forma — protocolo— del reino de Dios, se ha predicado y enseñado más como un milagro a una crisis de escasez, como si se tratase de un remedio temporal.

Desde el momento que Dios decidió sacar al pueblo de la opresión y esclavitud de Egipto, había dispuesto de provisión divina para alimentar a casi millón y medio de personas en el desierto, durante su caminata a Canaán. No le tomaba por sorpresa el que este pueblo hambriento reclamara un mejor alimento que el que habían recibido como esclavos en Egipto. Dios envía *ma-náh* para fortalecer y constituir en todo sentido a este pueblo. Es un verdadero alimento, alimenta no solo el cuerpo sino también el espíritu mismo, porque este alimento ha salido *de la boca de Jehová*.

> *"**Nuestros padres comieron el maná en el desierto**, como está escrito: Pan del cielo les dio a comer. Y Jesús les dijo: De cierto, de cierto os digo: No os dio Moisés pan del cielo; mas **mi Padre os da el verdadero pan del cielo**. Porque el pan de Dios es aquel que descendió del cielo y da vida al mundo. Y dijéronle: Señor, danos siempre este pan. Y Jesús les dijo: **Yo soy el pan de vida**: el que a mí viene, nunca tendrá hambre; y el que en mí cree, no tendrá sed jamás. ... Yo soy el pan de vida. Vuestros padres comieron el maná en el desierto, y son muertos. Este es el pan que desciende del cielo, para que el que de él comiere, no muera. **Yo soy el pan vivo que he descendido del cielo: si alguno comiere de este pan, vivirá para siempre**; y el pan que yo daré es mi carne, la cual yo daré por la vida del mundo. ... Este es el pan que descendió del cielo: no como vuestros padres comieron el maná, y son muertos: **el que come de este pan, vivirá eternamente**." Juan 6:35-58*

> *"²⁵ Por tanto os digo:* **No os congojéis por vuestra vida, qué habéis de comer, o que habéis de beber;** *ni por vuestro cuerpo, qué habéis de vestir: ¿no es la vida más que el alimento, y el cuerpo que el vestido?²⁶* **Mirad las aves del cielo, que no siembran, ni siegan, ni allegan en alfolíes; y vuestro Padre celestial las alimenta.** *¿No sois vosotros mucho mejores que ellas?²⁷ Más ¿quién de vosotros podrá, congojándose, añadir a su estatura un codo?²⁸ Y por el vestido ¿por qué os congojáis?* **Reparad los lirios del campo, cómo crecen; no trabajan ni hilan;²⁹ Más os digo, que ni aun Salomón con toda su gloria fue vestido así como uno de ellos.** *³⁰ Y si la hierba del campo que hoy es, y mañana es echada en el horno, Dios la viste así, ¿no hará mucho más a vosotros, hombres de poca fe?³¹ No os congojéis pues, diciendo: ¿Qué comeremos, o qué beberemos, o con qué nos cubriremos?³²* **Porque los Gentiles buscan todas estas cosas: que vuestro Padre celestial sabe que de todas estas cosas habéis menester.** *³³ Mas buscad primeramente el reino de Dios y su justicia, y todas estas cosas os serán añadidas.³⁴ Así que, no os congojéis por el día de mañana; que el día de mañana traerá su fatiga: basta al día su afán."* <u>Mateo 6:25-34</u>

Hay un caso particular en el Nuevo Testamento, una sección de la vida del apóstol Pablo que queremos discutir en detalle, pues nos ayuda a ilustrar con mayor énfasis el valor de la provisión divina.

Durante el segundo viaje apostólico, Pablo y Silas, luego de haber visitado las regiones tocadas durante el primer viaje y haberles entregado los acuerdos del concilio de Jerusalem, Pablo quiere extenderse a otras regiones hacia el norte, pero por alguna razón especial, el Espíritu no los deja proseguir: *"⁶ Y pasando a Phrygia y la provincia de Galacia, **les fue prohibido por el Espíritu Santo** hablar la palabra en Asia. ⁷ Y como vinieron a Misia, tentaron de ir a Bithynia; **mas el Espíritu no les dejó.**"*⁸⁵

Como consecuencia de ello, y por alguna otra razón no especificada, llegan y se refugian en Troas, una ciudad portuaria que eventualmente Pablo utilizaría como un cuartel de refugio y descanso de sus viajes.⁸⁶ Es justamente en esta ciudad donde Pablo recibe por encomienda directa dirigirse a la Macedonia, y dedicarse a la evangelización de la región.⁸⁷

Cuando revisamos en detalle los acontecimientos del viaje en el que se embarcan pablo, Silas y posiblemente Timoteo y alguien mas no incluido en la narrativa, nos damos cuenta que fuerzas sobrenaturales abortaron la misión, y Pablo no logra cumplir su cometido. Observemos el orden de los acontecimientos:

- *"¹¹ Partidos pues de Troas, vinimos camino derecho a Samotracia, y el día siguiente a Neápolis; ¹² Y de allí a **Filipos, que es la primera ciudad de la parte de Macedonia**, y una colonia; y **estuvimos en aquella ciudad algunos días.** "*⁸⁸

Logran llegar a la región e inmediatamente se dedican a compartir en lugares públicos el mensaje del Evangelio del reino. Pero solo logran quedarse *unos días*, pues un acto de *liberación* los expulsa de la región: *"⁴⁰ Entonces salidos de la cárcel, entraron en casa de Lidia; y habiendo visto a los hermanos, los consolaron, **y se salieron.**"*

- *"¹ Y PASANDO por Amphípolis y Apolonia, **llegaron a Tesalónica**, donde estaba la sinagoga de los Judíos. ² Y Pablo, como acostumbraba, entró a ellos, y por tres sábados disputó con ellos de las Escrituras,"*⁸⁹

Salen expulsados de Filipos y no se detienen en los dos pueblos más cercanos a Filipos, sino que prosiguen hasta llegar a Tesalónica. En

---

⁸⁵ Hechos 16:6,7
⁸⁶ Hechos 20:5, véase también 2da. Timoteo 4:13
⁸⁷ Hechos 16:9
⁸⁸ Hechos 16:11,12
⁸⁹ Hechos 17:1

esta ciudad solamente logran quedarse dos semanas, y son expulsados nuevamente por una turba que viene de *hombres ociosos*: *"⁸ Y **alborotaron al pueblo y a los gobernadores de la ciudad**, oyendo estas cosas. ⁹ Mas recibida satisfacción de Jasón y de los demás, los soltaron."*

- *"¹⁰Entonces los hermanos, luego de noche, **enviaron a Pablo y a Silas a Berea**"*[90]

No ha transcurrido mucho tiempo y sin embargo los han expulsado de dos ciudades importantes, y se ha levantado una persecución contra la iglesia que apenas está naciendo. Es significativo que en estas dos ciudades sus representativos manifiestan que estos visitantes *están alborotando el mundo*.[91] No hay duda que se están enfrentando contra las potestades que gobiernan la región. Pero también de Berea fueron expulsado por hombres ociosos provenientes de Tesalónica: *"¹³ Mas como entendieron los Judíos de Tesalónica que también en Berea era anunciada la palabra de Dios por Pablo, fueron, **y también allí tumultuaron al pueblo**. ¹⁴ Empero luego los hermanos **enviaron a Pablo que fuese como a la mar;**…"*

- *"y Silas y Timoteo se quedaron allí. ¹⁵ Y los que habían tomado a cargo a Pablo, **le llevaron hasta Atenas**; y tomando encargo para Silas y Timoteo, que viniesen a él lo más presto que pudiesen, partieron."*

Si revisa en un mapa de la época, notará que Atenas no forma parte de la región de Macedonia, y observara también que a partir de este momento cesa la persecución contra Pablo. ¿Cómo explicar esta situación?

La visión de pablo lo introdujo en un proyecto de liberación de la región, como lo observamos desde el momento que llegó a ella, se enfrentó ante potestades que tenían gobierno sobre la región y habían levantado fortalezas espirituales entre sus gobernantes. Pero no todo quedó hasta allí. Pablo quiso regresar al área y las tinieblas le estorbaron su intención.

- *"¹⁸ Por lo cual quisimos ir a vosotros, yo Pablo a la verdad, una vez y otra; mas Satanás nos embarazó."*

---

[90]   Hechos 17:10
[91]   Hechos 16:20 y 17:6

Desde la ciudad de Corinto, Pablo quiso regresar a la región, pero como él mismo lo admite, Satanás le impidió regresar a la región, y la pregunta que queremos hacer es, ¿Cómo lo impidió? La respuesta la encontramos en el relato de Hechos de los Apóstoles.

- *"¹ PASADAS estas cosas, Pablo partió de Atenas, y vino a Corinto. ² Y hallando a un Judío llamado Aquila, natural del Ponto, que hacía poco que había venido de Italia, y a Priscila su mujer, (porque Claudio había mandado que todos los Judíos saliesen de Roma) se vino a ellos; ³ **Y porque era de su oficio, posó con ellos, y trabajaba; porque el oficio de ellos era hacer tiendas.** ⁴ Y disputaba en la sinagoga todos los sábados, y persuadía a judíos y a griegos. ⁵ **Y cuando Silas y Timoteo vinieron de Macedonia,** Pablo estaba constreñido por la palabra, testificando a los Judíos que Jesús era el Cristo."*

Cuando sus compañeros de viaje se reunieron con Pablo en Corinto, Pablo estaba trabajando, pues se había quedado sin recursos económicos, y aunque *estaba constreñido por la palabra, testificando a los judíos que Jesús era el Cristo*, los compromisos de trabajo haciendo tiendas le estorbaron regresar a Macedonia. Satanás le había dejado sin recursos precisamente para obligarlo a comprometerse con una labor que le restringiría su acción.

Por eso, cuando está escribiendo instrucciones a Timoteo aprovecha para recomendarle que se cuide de los estorbos de Satanás: *"⁴ **Ninguno que milita se embaraza en los negocios de la vida**; a fin de agradar a aquel que lo tomó por soldado."*,[92] y agradece a los creyentes de Filipos por el subsidio enviado porque es precisamente de esta forma como logra zafarse del lazo de Satanás: *"¹⁴ Sin embargo, **bien hicisteis que comunicasteis juntamente a mi tribulación.** ¹⁵ Y sabéis también vosotros, oh Filipenses, que al principio del evangelio, **cuando partí de Macedonia, ninguna iglesia me comunicó en razón de dar y recibir, sino vosotros solos.** ¹⁶ Porque aun a Tesalónica me enviasteis lo necesario una y dos veces. ¹⁷ No porque busque dádivas; mas busco fruto que abunde en vuestra cuenta. ¹⁸ Empero todo lo he recibido, y tengo abundancia: estoy lleno, **habiendo**

---

[92]   2da. Timoteo 2:4

recibido de Epafrodito lo que enviasteis, olor de suavidad, sacrificio acepto, agradable a Dios."[93]

Con este estudio en detalle de uno de los aspectos en la vida del apóstol Pablo donde un proyecto de liberación de una región completa se vio afectada, por precisamente la ausencia de los elementos apropiados y necesarios para establecer una adecuada *provisión divina*, hemos querido cerrar esta sección, para mostrar lo importante y urgente del tema en cuanto a la liberación.

La provisión divina es un recurso para la liberación tanto de personas como de regiones, el enemigo tratará de ahogar a aquel ministro que está involucrado con esta actividad, y debe recurrir a la provisión divina como su único recurso.

Los tesoros escondidos

> *"Y te daré los **tesoros escondidos, y los secretos muy guardados;** para que sepas que yo soy Jehová, el Dios de Israel, que te pongo nombre."* Isaías 45:3

Es sorprendente cómo el profeta logra reconocer a un rey persa que aún no ha nacido. Cuando el profeta advierte del nombre de *Ciro* no existía ni siquiera la amenaza real de un cautiverio. Sin embargo, y pese a que se trata de un rey pagano, Dios le está ofreciendo entregarle *tesoros escondidos, y los secretos muy guardados*, inclusive, lo llama *es mi pastor.*[94]

¿A qué se estaría refiriendo el profeta con esta palabra?

Una relación de hechos nos puede ser útil para descubrir el sentido y significado de la palabra dada en torno a *Ciro*.

Nótese que los judíos llevados en cautiverio a Babilonia estaban absortos por lo que había acontecido, sus profetas les habían profetizado que no vendría destrucción, y quien único había hablado del cautiverio había sido Jeremías. Así que, la única palabra precisa que tenían con respecto

---

93   Filipenses 4:14-18
94   Isaías 44:28

a la deportación y su duración en Babilonia había sido la palabra de Jeremías profeta: *"² En el año primero de su reinado, yo Daniel miré atentamente en los libros el número de los años, **del cual habló Jehová al profeta Jeremías, que había de concluir la asolación de Jerusalem en setenta años.**"*[95]

No obstante, cuando revisamos todos los textos que hablan de *Ciro*, todos sin excepción descubren el conocimiento que éste tendría con respecto a la reconstrucción de Jerusalem. La pregunta que surge es, ¿Cómo un rey pagano tiene más conocimiento acerca de la reconstrucción de Jerusalem que los mismos nativos del lugar?

La respuesta apunta a que dicho conocimiento viene en forma de revelación como resultado de los *tesoros escondidos, y los secretos muy guardados* que el profeta habría advertido que Dios le entregaría. Observemos en detalle los textos que hablan de *Ciro*:

- *Isaías 44.28 Que dice de **Ciro: Es mi pastor, y cumplirá todo lo que yo quiero**, en diciendo a Jerusalem, Serás edificada; y al templo: Serás fundado.*

- *Isaías 45.1 **ASÍ dice Jehová a su ungido, a Ciro**, al cual tomé yo por su mano derecha, para sujetar gentes delante de él y desatar lomos de reyes; para abrir delante de él puertas, y las puertas no se cerrarán:*

- *II Crónicas 36.22 Mas al primer año de Ciro rey de los Persas, para que se cumpliese la palabra de Jehová por boca de Jeremías, **Jehová excitó el espíritu de Ciro rey de los Persas**, el cual hizo pasar pregón por todo su reino, y también por escrito, diciendo:*

- *II Crónicas 36.23 Así dice Ciro rey de los persas: **Jehová, el Dios de los cielos, me ha dado todos los reinos de la tierra**; y él me ha encargado que le edifique casa en Jerusalem, que es en Judá. ¿Quién de vosotros hay de todo su pueblo? Jehová su Dios sea con él, y suba.*

- *Esdras 1.1 Y EN el primer año de Ciro rey de Persia, para que se cumpliese la palabra de Jehová por boca de Jeremías, **excitó Jehová***

---

[95] Daniel 9:2

el espíritu de Ciro rey de Persia, el cual hizo pasar pregón por todo su reino, y también por escrito, diciendo:

- *Esdras 1.2 Así ha dicho Ciro rey de Persia:* **Jehová Dios de los cielos me ha dado todos los reinos de la tierra,** *y me ha mandado que le edifique casa en Jerusalem, que está en Judá.*

- *Esdras 1.7, 8 Y* **el rey Ciro sacó los vasos de la casa de Jehová,** *que Nabucodonosor había traspasado de Jerusalem, y puesto en la casa de sus dioses. Sacólos pues Ciro rey de Persia, por mano de Mitrídates tesorero, el cual los dio por cuenta a Sesbassar príncipe de Judá.*

- *Esdras 3.7 Y dieron dinero a los carpinteros y oficiales; asimismo comida y bebida y aceite a los Sidonios y Tirios, para que trajesen madera de cedro del Líbano a la mar de Joppe,* **conforme a la voluntad de Ciro rey de Persia acerca de esto.**

- *Esdras 4.3 Y dijóles Zorobabel, y Jesuá, y los demás cabezas de los padres de Israel: No nos conviene edificar con vosotros casa a nuestro Dios, sino que* **nosotros solos la edificaremos a Jehová Dios de Israel, como nos mandó el rey Ciro, rey de Persia.**

- *Esdras 4.5 Cohecharon además contra ellos consejeros para disipar su consejo, todo el tiempo de Ciro rey de Persia, y hasta el reinado de Darío rey de Persia.*

- *Esdras 5.13 Empero el primer año de Ciro rey de Babilonia, el mismo rey Ciro dio mandamiento para que esta casa de Dios fuese edificada.*

- *Esdras 5.14 Y también los vasos de oro y de plata de la casa de Dios, que Nabucodonosor había sacado del templo que estaba en Jerusalem, y los había metido en el templo de Babilonia,* **el rey Ciro los sacó del templo de Babilonia,** *y fueron entregados a Sesbassar, al cual había puesto por gobernador;*

- *Esdras 5.17 Y ahora, si al rey parece bien, búsquese en la casa de los tesoros del rey que está allí en Babilonia, si es así que **por el rey Ciro había sido dado mandamiento para edificar esta casa de Dios en Jerusalem**, y envíenos a decir la voluntad del rey sobre esto.*

- *Esdras 6.3 En el año primero del **rey Ciro, el mismo rey Ciro dio mandamiento acerca de la casa de Dios que estaba en Jerusalem**, que fuese la casa edificada para lugar en que sacrifiquen sacrificios, y que sus paredes fuesen cubiertas; su altura de sesenta codos, y de sesenta codos su anchura;*

- *Esdras 6.14 Y los ancianos de los Judíos edificaban y prosperaban, conforme a la profecía de Haggeo profeta, y de Zacarías hijo de Iddo. Edificaron pues, y acabaron, por el mandamiento del Dios de Israel, y **por el mandamiento de Ciro**, y de Darío, y de Artajerjes rey de Persia.*

Así que *tesoros escondidos y los secretos muy guardados* tienen que ver con descubrimiento de tareas específicas que una o varias personas ejecutan en relación a liberación de un pueblo, y/o restauración de centros de adoración que Dios se ha reservado en lugares particulares.

Y esta es la promesa que Dios ha entregado a su pueblo, lamentablemente se ha trastocado su sentido y significado, porque el hombre ha pretendido ver beneficios personales y particulares para usos exclusivos.

Otro ejemplo de provisión divina es la que observamos en las palabras del sacerdote Zacarías, padre de Juan el bautista.

> *"Y Zacarías su padre fue lleno de Espíritu Santo,*
> *y profetizó, diciendo: Bendito el Señor Dios de*
> *Israel,* **Que ha visitado y hecho redención a su**
> **pueblo, Y nos alzó un cuerno de salvación** *En*
> *la casa de David su siervo, Como habló por boca*
> *de sus santos profetas que fueron desde el principio:*
> *Salvación de nuestros enemigos, y de mano*
> *de todos los que nos aborrecieron; Para hacer*
> *misericordia con nuestros padres, Y acordándose*
> *de su santo pacto; Del juramento que juró a*
> *Abraham nuestro padre, Que nos había de dar,*
> **Que sin temor librados de nuestros enemigos,**
> **Le serviríamos En santidad y en justicia**
> **delante de él, todos los días nuestros.** *".* Lucas
> 1:67-75

Hay *tesoros escondidos* que se revelan al hombre cuando quien los descubre divulga que se trata de un proceso de liberación que Dios ha iniciado con el pueblo que le ha dispuesto servirle.

La visitación de Dios comienza con la liberación de la opresión de los enemigos.

> *"Y dijo Jehová: Bien he visto la aflicción de mi*
> *pueblo que está en Egipto, y he oído su clamor a*
> *causa de sus exactores; pues tengo conocidas sus*
> *angustias:* **Y he descendido para librarlos** *de*
> *mano de los Egipcios, y sacarlos de aquella tierra a*
> *una tierra buena y ancha, a tierra que fluye leche*
> *y miel, a los lugares del Cananeo, del Hetheo, del*
> *Amorrheo, del Pherezeo, del Heveo, y del Jebuseo.*
> *El clamor, pues, de los hijos de Israel ha venido*
> *delante de mí, y también he visto la opresión con*
> *que los Egipcios los oprimen."* Éxodo 3:7-9

> *"Porque es menester que él reine, **hasta poner a todos sus enemigos debajo de sus pies.**" 1ra. Corintios 15:25*

Lo vieron hombres de la antigüedad, y profetizaron de ellos. Moisés advirtió que se levantaría un pueblo que tendría la administración de las riquezas comerciales marítimas y la sabiduría de los secretos de la revelación de Dios. Sería un pueblo sabio y entendido que con su sabiduría marcaria liberación para todos.

> *"Levántate, resplandece; que ha venido tu lumbre, y la gloria de Jehová ha nacido sobre ti. Porque he aquí que tinieblas cubrirán la tierra, y oscuridad los pueblos: más sobre ti nacerá Jehová, y sobre ti será vista su gloria. Y andarán las gentes a tu luz, y los reyes al resplandor de tu nacimiento. Alza tus ojos en derredor, y mira: todos estos se han juntado, vinieron a ti: tus hijos vendrán de lejos, y tus hijas sobre el lado serán criadas. Entonces verás y resplandecerás; y se maravillará y ensanchará tu corazón, que se haya vuelto a ti la multitud de la mar, y la fortaleza de las gentes haya venido a ti. Multitud de camellos te cubrirá, dromedarios de Madián y de Epha; vendrán todos los de Seba; traerán oro e incienso, y publicarán alabanzas de Jehová." Isaías 60:5-10*

> *"Llamarán los pueblos al monte: Allí sacrificarán sacrificios de justicia: Por lo cual chuparán la abundancia de los mares, **Y los tesoros escondidos de la arena.**" Deuteronomio 33:19*

Estos *tesoros escondidos* estarían a la disposición de la iglesia de Jesús, en virtud de la verdad revelada que en su seno se divulgaría para todos aquellos que se acojan a su sombra.

> *"En el cual **están escondidos todos los tesoros**
> de sabiduría y conocimiento."* <u>Colosenses 2:3</u>

La conquista y posesión de la tierra se lleva a cabo a través de la Cruz

> *"Tomad el encabezamiento de toda la congregación de los hijos de Israel por sus familias, por las casas de sus padres, con la cuenta de los nombres, todos los varones por sus cabezas: **De veinte años arriba, todos los que pueden salir a la guerra en Israel,** los contaréis tú y Aarón por sus cuadrillas... Fueron todos los contados seiscientos tres mil quinientos y cincuenta."* <u>Números 1:3,46</u>

La *cruz* es un elemento profético que aparece aun en la ley mosaica. No se trata de un símbolo ni una pieza de martirio, es la ruta de engaño que siguió la serpiente en su afán por engañar a Eva. La *cruz* es por lo tanto, el camino que Jesús seguiría para despojar a Satanás de los derechos legales que obtuvo para conservar las posesiones que le fueron otorgadas en herencia a Adam.

La *cruz* habría sido un instrumento de guerra y de victoria en el proceso de la restauración de todas las cosas. Cuando observamos la instrucción de Dios a Moisés sobre la forma de acampar en el desierto, y vemos su distribución alrededor del tabernáculo de reunión, descubrimos que se dibujaba una cruz perfectamente bien definida, apuntando hacia Jerusalem. Incluso se puede observar como uno de sus lados sería un poco más largo que la otra profetizándose así la atención que Jesús tendría para el que pidió que se acordara de él cuándo estuviera en la gloria de su Padre.

El censo de los que pueden salir a la guerra y su distribución alrededor del tabernáculo posibilitaba esta visión. Por esa razón decimos que la cruz es un instrumento de guerra, porque quienes determinaron su forma fue el censo de *los que podían salir a la guerra.*

La suma de los contados por sus escuadrones, a cada lado del tabernáculo, dibuja perfectamente una *cruz.* Así que, cuando Jesús llega a ella, no llega como mártir, llega como hombre de guerra, y está conquistando un territorio, una heredad, y la entrega a aquellos que tienen la visión de Abraham de heredar una tierra. Es una herencia hermosa porque como bien lo expresó el apóstol Pablo, somos coherederos juntamente con cristo de la heredad otorgada en pacto eterno y permanente a Adam.

> *"Los hijos de Israel acamparán cada uno junto a su bandera, según las enseñas de las casas de sus padres; alrededor del tabernáculo del testimonio acamparán. Estos acamparán al levante, **al oriente: la bandera del ejército de Judá,** por sus escuadrones... Junto a él acamparán los de la tribu de **Issachâr:** ... Y la tribu de **Zabulón....** ¹⁰**La bandera del ejército de Rubén al mediodía,** ... ¹²Y acamparán junto a él los de la tribu de **Simeón:** ... ¹⁴Y la tribu de **Gad:** ... ¹⁷**Luego irá el tabernáculo del testimonio, el campo de los Levitas en medio de los ejércitos:....** ¹⁸**La bandera del ejército de Ephraim por sus escuadrones, al occidente:** ... ²⁰Junto á él estará la tribu de **Manases...** ²²Y la tribu de **Benjamín:....** ²⁵**La bandera del ejército de Dan estará al aquilón,** .... ²⁷Junto á él acamparán los de la tribu de **Aser:** .... ²⁹Y la tribu de **Nephtalí:....** ³²Estos son los contados de los hijos de Israel, por las casas de sus padres: todos los contados por ejércitos, por sus escuadrones, **seiscientos tres mil quinientos y cincuenta."**
> <u>Números 2:2-32</u>

La cubierta de la nube y el fuego.

*"Y **Jehová iba delante de ellos de día en una columna de nube,** para guiarlos por el camino; **y de noche en una columna de fuego** para alumbrarles; a fin de que anduviesen de día y de noche. Nunca se partió de delante del pueblo la columna de nube de día, ni de noche la columna de fuego." <u>Éxodo 13.21, 22</u> (Ver también Éxodo 14:19-24)*

Cuando revisamos el texto de mateo, acerca de las palabras de juan el bautista de que seriamos bautizados en Espíritu Santo y fuego, por lo general salta la imagen dejada por los eventos surgidos en pentecostés (Shavuot), y en lo único que podemos pensar es el cuadro de un pentecostés contemporáneo.

Juan se remitía a lo acontecido durante el recorrido por el desierto, de cómo *fueron bautizados*[96] en los elementos que se posaron sobre ellos. Se trata de un bautismo de provisión divina que procura no solo alimento, sino tanto o más, dirección, sombra, calor, cuidado, seguridad. ¿Qué más podríamos decir?

> *"Yo a la verdad os bautizo en agua para arrepentimiento; mas el que viene tras mí, más poderoso es que yo; los zapatos del cual yo no soy digno de llevar;* **él os bautizará en Espíritu Santo y en fuego***" Mateo 3:11 (ver también Lucas 3:16)*

---

[96]   1ra. Corintios 10:2

CAPÍTULO 5

LAS LLAVES DEL REINO

*"Y viniendo Jesús a las partes de Cesarea de Filipo, preguntó a sus discípulos, diciendo: ¿**Quién dicen los hombres que es el Hijo del hombre?** Y ellos dijeron: Unos, Juan el Bautista; y otros, Elías; y otros; Jeremías, o alguno de los profetas. Él les dice: **Y vosotros, ¿quién decís que soy?** Y respondiendo Simón Pedro, dijo: **Tú eres el Cristo, el Hijo del Dios viviente.** Entonces, respondiendo Jesús, le dijo: Bienaventurado eres, Simón, hijo de Jonás; porque no **te lo reveló** carne ni sangre, más **mi Padre que está en los cielos.** Mas yo también te digo, que tú eres Pedro, **y sobre esta piedra edificaré mi iglesia;** y las puertas del infierno no prevalecerán contra ella. **Y a ti daré las llaves del reino de los cielos;** y todo lo que ligares en la tierra será ligado en los cielos; y todo lo que desatares en la tierra será desatado en los cielos."* Mateo 16: 13-16:

Las *llaves del Reino* es una expresión acuñada por Jesús y aparece unida a la declaración de Pedro acerca del reconocimiento del señorío de Jesús como el mesías. Jesús la utilizó para designar una autoridad *especial* que Pedro tendría a partir de este momento, la facultad de atar o desatar con el propósito de impedir el establecimiento de las tinieblas en la tierra.

Entendemos que las *llaves del reino* no son una propiedad exclusiva de Pedro, sino son recursos espirituales que están disponibles para todos aquellos que al igual que Pedro entienden y se someten al reino de Dios y a su señorío.

Aunque el término aparece en esa forma en el Nuevo Testamento, el paralelismo que este relato mantiene con las palabras declaradas a Abraham es sorprendente. Luego de haber casi sacrificado a su hijo Isaac, Abraham recibe el pacto de que *su simiente poseería **las puertas de sus enemigos.***[97] Así que, las *llaves del reino* son el complemento que los hijos de la fe habrán de utilizar para transformar situaciones adversas al propósito divino, y convertirlas en bendición para el establecimiento del reino de Dios.

Si partimos de la palabra dada a Abraham notaremos, principalmente, que aunque es una promesa, pero su cumplimiento era uno profético. No se cumplió en el tiempo de Abraham, ni en el tiempo de sus descendientes más inmediatos. Esto apunta a que las *llaves del reino* establecen una época del gobierno mesiánico de Jesús sobre la tierra, y no necesariamente como resultado de su retorno a la tierra en su segunda venida.

Las *llaves del reino* se descubren por revelación, por la Palabra, solo a quienes les son reveladas son los únicos que pueden entender su uso. Por la relación que se establece entre la declaración de Pedro con la expresión de Jesús de que le fue *revelado por mi Padre,* entendemos que las llaves ponen de manifiesto el depósito de revelación que Dios ha depositado en la persona que las usa. En el caso tanto de Abraham como en el de Pedro se destaca precisamente este proceso de revelación como el medio de investidura para su activación.

Este principio está presente en expresiones similares que aparecen también en el Antiguo Testamento, particularmente en el libro del profeta Isaías. La expresión *cerrojos,* aparece unida a la autoridad con que Ciro, rey persa, habría de imponer la reconstrucción del templo en Jerusalem. Precisamente por la ejecutoria de esa autoridad es que se le llega a llamar *mi pastor,* por el trabajo especial que ejecutaría por mandato divino.

> *"2 Yo iré delante de ti, y enderezaré las tortuosidades; **quebrantaré** puertas de bronce, y **cerrojos de hierro** haré pedazos;"* Isaías 45:2

---
[97]   Génesis 22:17

En el libro de los salmos aparecen destellos de la presencia de este principio. David entiende que a quien se le entregan los *cerrojos* es una persona en quien actúa el poder sobrenatural de Dios, y su ejecutoria es por intervención divina.[98]

No todos podrán usar las *llaves del reino*, puesto que no a todos les es dada *revelación* sobre su uso, y esto es así para evitar que se caiga en el error de quererlas utilizar como si tratase de fórmulas o recetas para obtener un fin deseado. Las *llaves del reino* están sujetas al crecimiento en la fe que la persona muestre como parte de su compromiso y sometimiento al señorío de Jesús.

Las *llaves del reino* son para detener el avance de las puertas del infierno y el establecimiento de las tinieblas en la tierra. Son una autoridad especial que es confiada a aquellos que se han sometido al señorío de Jesús. En el relato donde aparece confiándoselas a Pedro, son presentadas como el instrumento que la iglesia utilizaría a partir de allí para evitar el avance del infierno.

En el relato de cuando los setenta regresan de su misión, su reporte se concentró en cómo *aun los demonios se les sujetaban en el nombre de Jesús*; en ese momento es cuando Jesús les describe como El veía que *Satanás caía del cielo como un rayo.*[99]

Las *llaves del reino* son para *atar* o *desatar* en los cielos los misterios que en la tierra son necesarios para ejecutar las operaciones del Espíritu. Por años se identificaron las llaves con recursos exclusivos que la persona tenia para sí mismo, para poder transformar sus propias realidades según sus necesidades. Las *llaves del reino* no tienen una aplicación personal o individual, para satisfacer necesidades particulares. Son recursos espirituales que Dios *revela* a personas escogidas para ejecutar las operaciones del Espíritu.

¿Que son exactamente las *llaves del reino*? Las *llaves del reino* son palabras. Dios usó de *palabras* para crear todas las cosas creadas, por esa misma

---

[98]   Salmo 107:16

[99]   Lucas 10:17-19

palabra de su potencia se sustentan todas las cosas.[100] Son palabras que originan en la tierra tiempos, crean regiones, inician operaciones, levantan hombres y mujeres, todo para establecer el reino de Dios sobre la tierra.

Esto es confirmado por las mismas palabras de Jesús cuando estaba terminando su enseñanza en el sermón del monte. En esa ocasión expresó *"Cualquiera, pues, que me **oye estas palabras, y las hace**, le compararé a un hombre prudente, que edificó su casa **sobre la peña;**"*[101]. Obsérvese la relación entre *palabras* y *peña*. El oírlas y hacerlas establecen *una roca* de fundamento para una casa espiritual.

Así que, queda claro que las *llaves del reino* son *palabras* con un contenido grande de *revelación*, para ejecutar las operaciones del reino de Dios.

Presentaremos tres indicadores para identificarlas. Primero, las *llaves del reino* son palabras de autoridad que inauguran y ejecutan espacios de tiempo sobrenaturales para regiones y para individuos. En el relato del evangelio de Mateo se narra que el asombro de los oyentes de Jesús consistía en la diferencia que advertían de su enseñanza, porque reconocían que *enseñaba como quien tiene autoridad*.[102]

La declaración de Pedro, por ejemplo: *tú eres el Cristo, el hijo del Dios viviente*, sirvió para dar inicio a un tiempo de revelación para los discípulos de Jesús, para descubrirles acerca del misterio de la crucifixión y de la resurrección. Claramente se destaca que **desde aquel tiempo comenzó Jesús a declarar a sus discípulos** *que le convenía ir a Jerusalem, y padecer mucho de los ancianos, y de los príncipes de los sacerdotes, y de los escribas; **y ser muerto, y resucitar al tercer día**.*[103]

Segundo, las *llaves del reino* son palabras que establecen señorío y gobierno teocrático. La constante actividad del reino de las tinieblas en torno al hombre tiene el propósito de desviar su atención de Dios, y que éste la deposite en recursos de vanidad. Las *llaves del reino* son dadas para

---

[100]   Hebreos 1:3
[101]   Mateo 7:24
[102]   Mateo 7:29
[103]   Mateo 16:21

cortar esos hechizos de vanidad y restaurar la atención del hombre hacia su Dios.

El apóstol Pablo reconoce en la iglesia de Galacia que su alejamiento de la Gracia ha ocurrido por inducción de hechicería. El uso de la expresión *"quién os fascinó"* muestra que los integrantes de esta comunidad de fe habían caído en un estado de embrujo espiritual.

El caso de Simón de Samaria, un hombre mágico que había engañado a la ciudad con sus artes, es otro buen ejemplo de esta segunda definición de las *llaves del reino*.

A pesar de que había creído y había sido bautizado, mantenía intereses mezquinos y aun nexos con las artes mágicas que practicaba. Pedro tiene que desatarlo porque aún mantenía sobre la región la influencia que él había ejercido, y se corría el riesgo de perder toda aquella región; así que Pedro recurre a una *palabra* que establece el gobierno mesiánico de Jesús: *"Pedro le dijo: Tu dinero perezca contigo, que piensas que el don de Dios se gane por dinero. ²¹ **No tienes tú parte ni suerte en este negocio; porque tu corazón no es recto delante de Dios.** ²² Arrepiéntete pues de esta tu maldad, y ruega a Dios, si quizás te será perdonado el pensamiento de tu corazón. ²³ Porque en hiel de amargura y en prisión de maldad veo que estás."*[104] El resto del relato nos describe cómo aquella *palabra* lo sacó de su estupor espiritual.

Tercero, las *llaves del reino* son palabras que establecen y ejecutan el reino de Dios. Esta definición es medular, porque refleja la misión principal de los que reconocen el gobierno mesiánico de Jesús. Justamente el modelo de oración que Jesús les presentó a sus discípulos establece la misión de los creyentes: *"Venga tu reino. Sea hecha tu voluntad, **como en el cielo, así también en la tierra.**"*[105]

Cuando se rastrea la actividad del apóstol Pedro a través del relato del libro de Hechos de los Apóstoles, es interesante notar cómo sus ejecutorias obedecen precisamente a estos principios. Observémoslos.

---

[104] Hechos 8:20-23
[105] Mateo 6:10

- En el caso de Eneas: "*³² Y aconteció que Pedro, andándolos a todos, vino también a los santos que habitaban en Lydda. ³³ Y halló allí a uno que se llamaba Eneas, que hacía ocho años que estaba en cama, que era paralítico. ³⁴ Y le dijo Pedro: **Eneas, Jesucristo te sana; levántate, y hazte tu cama.** Y luego se levantó.*"¹⁰⁶

Nótese cómo por esa *llave del reino* en toda la región de Lydda pudo establecerse el reino de Dios: "*³⁵ Y viéronle todos **los que habitaban en Lydda y en Sarona, los cuales se convirtieron al Señor.**"*

- En el caso de Tabita: "*³⁶ Entonces en Joppe había una discípula llamada Tabita, que si lo declaras, quiere decir Dorcas. Esta era llena de buenas obras y de limosnas que hacía. ³⁷ Y aconteció en aquellos días que enfermando, murió; a la cual, después de lavada, pusieron en una sala. ³⁸ Y como Lydda estaba cerca de Joppe, los discípulos, oyendo que Pedro estaba allí, le enviaron dos hombres, rogándole: No te detengas en venir hasta nosotros. ³⁹ Pedro entonces levantándose, fue con ellos: y llegado que hubo, le llevaron a la sala, donde le rodearon todas las viudas, llorando y mostrando las túnicas y los vestidos que Dorcas hacía cuando estaba con ellas. ⁴⁰ Entonces echados fuera todos, Pedro puesto de rodillas, oró; y vuelto al cuerpo, dijo: **Tabita, levántate.** Y ella abrió los ojos, y viendo a Pedro, incorporóse. ⁴¹ Y él le dio la mano, y levantóla: entonces llamando a los santos y las viudas, la presentó viva.*"¹⁰⁷

Nótese cómo toda la región recibió el Evangelio del reino, y se estableció el reino en toda esa región: "*⁴² **Esto fue notorio por toda Joppe;** y creyeron muchos en el Señor.*" Las *llaves del reino* son palabras que establecen el reino de Dios en regiones específicas.

- El caso de Cornelio de Cesarea: "*¹ Y HABÍA un varón en Cesarea llamado Cornelio, centurión de la compañía que se llamaba la Italiana, ² Pío y temeroso de Dios con toda su casa, y que hacía muchas limosnas al pueblo, y oraba a Dios siempre. ³ Este vio en visión manifiestamente, como a la hora nona del día, que un ángel de Dios entraba a él, y le decía: Cornelio. ⁴ Y él, puestos en él los ojos,*

---

¹⁰⁶ Hechos 9:32-35
¹⁰⁷ Hechos 9:36-42

*espantado, dijo: ¿Qué es, Señor? Y díjole: Tus oraciones y tus limosnas han subido en memoria a la presencia de Dios. ⁵ Envía pues ahora hombres a Joppe, y haz venir a un Simón, que tiene por sobrenombre Pedro. ⁶ Este posa en casa de un Simón, curtidor, que tiene su casa junto a la mar: **él te dirá lo que te conviene hacer.**"*[108]

Fueron las palabras precisamente del apóstol Pedro quien estableció el reino de Dios en toda esa casa: *"³⁴ Entonces Pedro, abriendo su boca, dijo: **Por verdad hallo que Dios no hace acepción de personas; ³⁵ Sino que de cualquiera nación que le teme y obra justicia, se agrada. .... ⁴³ A éste dan testimonio todos los profetas, de que todos los que en él creyeren, recibirán perdón de pecados por su nombre.**"*[109]

Estas *llaves del reino* abrieron el tiempo de los gentiles y facultó que el reino de los cielos se estableciera en distintos lugares de la tierra. Hay dos casos particulares del Antiguo Testamento que queremos incluir en esta sección. Nos referimos al caso de Gedeón y el de José.

El modelo de Gedeón

*"Y el ángel de Jehová se le apareció, y díjole: Jehová es contigo, **varón esforzado**. Y Gedeón le respondió: Ah, Señor mío, **si Jehová es con nosotros, ¿por qué nos ha sobrevenido todo esto?** Y dónde están todas sus maravillas, que nuestros padres nos han contado, diciendo: ¿No nos sacó Jehová de Egipto? Y ahora Jehová nos ha desamparado, y nos ha entregado en manos de los Madianitas Y mirándole Jehová, díjole: **Ve con esta tu fortaleza**, y salvarás a Israel de la mano de los Madianitas. ¿No te envío yo?"* Jueces 6:12-14*

Gedeón es escogido para ejecutar el reino de Dios y para establecer un gobierno teocrático en la región. Necesita romper el establecimiento de las fuerzas de las tinieblas que se han establecido en la región.

---

[108]   Hechos 10:1-6
[109]   Hechos 10:34-43

Gedeón es investido de una *autoridad* especial, que lo capacita para ejecutar operaciones espirituales, que aunque él las había reconocido su necesidad, no era sino hasta que fue investido que pudo experimentar la capacidad de ejecutarlas. Obsérvese cómo de un momento a otro, Gedeón, de estar trabajando escondido pasó a ser una persona que se enfrentaría a todo un ejército numeroso.

La llave del reino que desbarató todo el ejército numeroso que viene para matarlo, está en la expresión: "*¡Por Jehová y Gedeón!*" ¿Por qué? Porque la expresión en boca de todos los que le acompañaban, y en boca de quienes sabrían de la hazaña, descubriría lo que tanto el profeta como el ángel que visitaron a Gedeón les establecieron al pueblo: "*Así ha dicho Jehová Dios de Israel:* **Yo os hice salir de Egipto, y os saqué de la casa de servidumbre:** *⁹ Yo os libré de mano de los Egipcios, y de mano de todos los que os afligieron, a los cuales eché de delante de vosotros, y os di su tierra; ¹⁰ Y díjeos: Yo soy Jehová vuestro Dios; no temáis a los dioses de los Amorrheos, en cuya tierra habitáis: mas no habéis obedecido a mi voz. ¹¹ Y vino el ángel de Jehová, y sentóse debajo del alcornoque que está en Ophra, el cual era de Joas Abiezerita; y su hijo Gedeón estaba sacudiendo el trigo en el lagar, para hacerlo esconder de los Madianitas. ¹² Y el ángel de Jehová se le apareció, y díjole: Jehová es contigo, varón esforzado. ¹³ Y Gedeón le respondió: Ah, Señor mío, si Jehová es con nosotros, ¿por qué nos ha sobrevenido todo esto?* **¿Y dónde están todas sus maravillas, que nuestros padres nos han contado, diciendo: No nos sacó Jehová de Egipto?** *Y ahora Jehová nos ha desamparado, y nos ha entregado en manos de los Madianitas. ¹⁴ Y mirándole Jehová, díjole: Ve con esta tu fortaleza, y salvarás a Israel de la mano de los Madianitas. ¿No te envío yo?*"

El profeta les recordó el principio de la nación como pueblo santo, y el ángel acerca de todas las maravillas por las cuales habían pasado desde que salieron de Egipto y durante su travesía por el desierto.

Era importante reconocer la potestad del Dios que les estableció en esa tierra. Sus maravillas son parte de la rutina diaria y no solo milagros aislados. La expresión hizo que reconocieran la autoridad que el Todopoderoso les había entregado.

El modelo de José

*"Tú serás sobre mi casa, **y por tu dicho se gobernará todo mi pueblo**: solamente en el trono seré yo mayor que tú. Dijo más Faraón a José: **He aquí yo te he puesto sobre toda la tierra de Egipto**. Entonces Faraón quitó su anillo de su mano, y púsolo en la mano de José, é hízole vestir de ropas de lino finísimo, y puso un collar de oro en su cuello;"* <u>Génesis 41:40-42</u>

Este caso lo citamos porque nos ilustra el valor de las palabras. Faraón reconoce el valor que José tiene y la bendición que puede llevar a su pueblo, tanto así, que decide asignarle un título que los eruditos aseguran que tiene que ver con revelación de misterios que originan o conservan la vida.

Faraón reconoció en la sugerencia palabras que mantenían con vida al pueblo: *"ponga gobernadores sobre el país, y quinte la tierra de Egipto en los siete años de la hartura;³⁵ Y junten toda la provisión de estos buenos años que vienen, y alleguen el trigo bajo la mano de Faraón para mantenimiento de las ciudades; y guárdenlo. ³⁶ Y esté aquella provisión en depósito para el país, para los siete años del hambre que serán en la tierra de Egipto; y el país no perecerá de hambre."*

Las palabras de José iniciaban un tiempo de preservación de vida, tal y como años después él mismo se los declaró a sus hermanos.[110]

Las palabras de autoridad son las que rigen el mundo espiritual, y esas palabras establecen el que se cierre o se abra la facultad en los cielos de ejecutarlas.

---

[110]   Génesis 45:5

CAPÍTULO 6

LA BASE BÍBLICA DE LA LIBERACIÓN

El Espíritu del Señor es sobre mí, **Por cuanto me ha ungido para dar buenas nuevas a los pobres:** *Me ha enviado para sanar a los quebrantados de corazón; Para pregonar a los cautivos libertad, Y a los ciegos vista;* **Para poner en libertad a los quebrantados:** *Para predicar el año agradable del Señor. Lucas 4:18-20*

La base bíblica que queremos proponer no es tan sólo para probar la legitimidad de la liberación de demonios, sino más, para presentar diversas situaciones reales -casos tratados por Jesús o los apóstoles- que nos ayuden a formular estrategias personales para tratar los casos propios que nos toque confrontar. A estas alturas, creo, no debemos probar la veracidad de la Palabra cuando el texto mismo habla con claridad acerca de este tema. Negarla seria hasta cierto punto una blasfemia al Espíritu Santo, dado que es precisamente por la participación activa del Espíritu Santo que se expulsan los demonios.[111]

Tratamos de establecer una secuencia de casos, descubriendo en ellos la forma cómo se trabajó para que nos ilustre sobre la mejor forma para trabajar casos similares.

La proponemos, también, para sugerirlas como recursos de liberación -a manera de declaraciones de autoridad - que podamos citar cuando confrontemos algún caso similar. Por ejemplo, si revisamos el caso de

---

[111] Marcos 12:28

cuando Jesús fue tentado por Satanás, veremos que Jesús citó expresiones tomadas del Antiguo Testamento que le valieron para reprender a Satanás.

De igual forma, la base bíblica sugerida puede servirnos para citarla cuando nos encontremos en el proceso de expulsar los demonios. Tales declaraciones establecen autoridad por sí misma, por cuanto son la Palabra de Dios, y estaría de acuerdo a lo que los Evangelios señalan que Jesús *echó los demonios* con la palabra.[112]

Expresiones como: *"para esto apareció el Hijo de Dios, para deshacer las obras del diablo..."*, y, *"para esto apareció el Hijo de Dios, para pregonar a los cautivos libertad, para poner en libertad a los quebrantados..."*, tomadas de textos conocidos,[113] como ejemplo, acompañadas luego de un *te reprendo Satanás por la Palabra...*, pueden ser declaraciones poderosas que podríamos utilizar en la liberación de demonios. Aunque estamos claro que no se trata de forjar formulas o recetas, porque eso no funciona.

Proponemos una base bíblica como una declaración de fe para ser confesada y declaradas como enunciados de victoria. El apóstol Pablo establece en sus epístolas que la victoria sobre los principados y potestades contra los cuales tenemos lucha, se ejecuta cuando *notificamos a los principados y potestades en los cielos la multiforme sabiduría de Dios.*[114] Y en esa misma línea de pensamiento, el apóstol Pedro también declaró que la victoria del pueblo escogido depende de que *anunciemos las virtudes de aquel que nos llamó de las tinieblas a su luz admirable.*[115]

Declaraciones como *salvación de nuestros enemigos, y de mano de todos los que nos aborrecieron;.. Que sin temor librado de nuestros enemigos, le serviríamos en santidad y en justicia delante de él, todos los días nuestros...,*[116] o también,.. *Yo he venido para que tengan vida, y para que la tengan en abundancia...,*[117] declarados en el proceso de expulsión de demonios son un enunciado de victoria, establecen el propósito de Dios revelado

---

112   Mateo 8:16
113   Véase Juan 3:8, y Lucas 4:18
114   Efesios 3:10
115   1a Pedro 2:9
116   Lucas 1:69-75
117   Juan 10:10

en Cristo Jesús, revelan la derrota de Satanás en la cruz del calvario -son nuestras banderas levantadas en alto- y por ende, establecen nuestra victoria sobre el reino de las tinieblas.

> *"Y yendo, predicad, diciendo: **El reino de los cielos se ha acercado**. Sanad enfermos, limpiad leprosos, resucitad muertos, echad fuera demonios: **de gracia recibisteis, dad de gracia.**" Mateo 10:7-8*

Revisión de Casos

1. *"Y corría su fama por toda la Siria; y le trajeron todos los que tenían mal: los tomados de diversas enfermedades y tormentos, **y los endemoniados, y lunáticos**, y paralíticos, y los sanó." Mateo 4:24*

2. *"Los ciegos ven, y los cojos andan; los leprosos son limpiados, y los sordos oyen; los muertos son resucitados, **y a los pobres es anunciado el evangelio.**" Mateo 11:5*

La liberación de demonios es parte de la proclamación del evangelio del Reino. No se puede no se debe separar bajo el concepto de que esta doctrina pertenece exclusivamente al tiempo de Jesús.

3. *"Y como fue ya tarde, **trajeron a él muchos endemoniados: y echó los demonios** con la palabra, y sanó a todos los enfermos;..". Mateo 8:16*

Mateo hace hincapié que el ministerio de Jesús es en cumplimiento de la restauración del reino de Israel que había sido prometido por los profetas. Mateo establece como parangón que si bien era cierto el Israel terrenal había sido llevado cautivo y destruido sus muros, más cierto es que la humanidad entera -la creación de Dios- ha sido destruida por el imperio de las tinieblas.

En ese sentido Mateo pretende establecer que tanto las sanidades y liberaciones de demonios, en Jesús, obedecen a su interés de restaurar lo que Satanás había destruido, por eso la conexión con la profecía de Isaías, cuando dijo: *"Ciertamente llevó él nuestras enfermedades, y sufrió nuestros dolores;.."*[118]

4. *"Y como él hubo llegado en la otra ribera al país de los Gergesenos, le vinieron al encuentro **dos endemoniados que salían de los sepulcros**, fieros en gran manera, que nadie podía pasar por aquel camino."* <u>Mateo 8:28</u>

Lo valioso de lo reseñado en este caso es el hecho de que se trata de tierra de gentiles. En el relato de Mateo se menciona la tierra de los gergesenos, y en los relatos paralelos de Marcos y Lucas señalan que era la tierra de Magdala, las ciudades no son las mismas. Como sea, Gergesea o Magdala, ambas ciudades son gentiles y ello muestra el interés de Jesús porque la liberación alcance a los gentiles tanto como a los israelitas.

Valioso también es señalar que en la liberación se pueden encontrar fuerzas demoníacas tan poderosas como las de una legión, pero que el poder de Cristo es más poderoso que ambas juntas.

5. *"Y saliendo ellos, he aquí, **le trajeron un hombre mudo, endemoniado**. Y echado fuera el demonio, el mudo habló; y las gentes se maravillaron, diciendo: Nunca ha sido vista cosa semejante en Israel."* <u>Mateo 9:32-34</u>

6. *"Entonces **fue traído a él un endemoniado**, ciego y mudo, y le sanó; de tal manera, que el ciego y mudo hablaba y veía. Y todas las gentes estaban atónitas, y decían: ¿Será éste aquel Hijo de David?"* <u>Mateo 12:22-23</u>

Estos pasajes nos ayudan a establecer la relación de los demonios y las enfermedades hereditarias. Muchos casos deben ser tratados como un posicionamiento de demonios y no como una enfermedad física.

7. *"Entonces llamando a sus doce discípulos, **les dio potestad contra los espíritus inmundos, para que los echasen fuera**, y sanasen toda enfermedad y toda dolencia."* <u>Mateo 10:1</u>

---

[118]   Isaías 53:4

Tenemos autoridad para reprender a Satanás. La autoridad me la otorga el evangelio del Reino de los cielos. Desde el momento en que nos sometemos al señorío de Cristo nos es otorgada una autoridad espiritual para ir contra las tinieblas, esto es una evidencia de que la persona no está sujeta más al reino de las tinieblas.

8. *"Sanad enfermos, limpiad leprosos, resucitad muertos, **echad fuera demonios**: de gracia recibisteis, dad de gracia."* <u>Mateo 10:8</u>

Tal y cómo se señala tanto en Mateo como en Marcos,[119] la comisión de hacer discípulos está unido a señales que seguirán a los que creen en el nombre de Jesús, como evidencia que la persona ya no está sometida a las tinieblas. Echar fuera demonios se constituye en una señal de que el Reino ha llegado.

9. *"Y no temáis a los que matan el cuerpo, más al alma no pueden matar: temed antes a **aquel que puede destruir el alma** y el cuerpo en el infierno."* <u>Mateo 10:28</u>

Jesús presenta uno de los más grandes temores que enfrenta el que ejerce la liberación: El daño que pueda recibir en su cuerpo físico el ministro, en represalia por la acción de liberación que está ejerciendo.

Aunque, Jesús minimiza esa preocupación confrontando este temor con el daño que puede recibir el endemoniado si no se expulsa al demonio a tiempo: El alma de esa persona puede ser destruida en el infierno. Así que, Jesús anima a sus discípulos a pensar no en sí mismos solamente, sino más, a tener misericordia de quienes están a merced de Satanás, y no retener la liberación de ellos.

10. *"Desde aquel tiempo comenzó Jesús a declarar a sus discípulos que le convenía ir a Jerusalem, y padecer mucho de los ancianos, y de los príncipes de los sacerdotes, y de los escribas; y ser muerto, y resucitar al tercer día. Y Pedro, tomándolo aparte, comenzó a reprenderle, diciendo: Señor, ten compasión de ti: en ninguna manera esto te acontezca. Entonces él, volviéndose, **dijo a Pedro: Quítate de delante de mí, Satanás**; me eres escándalo; **porque no entiendes lo que es de Dios** sino lo que es de los hombres."* <u>Mateo 16:21-23</u>

---

[119]   Véase Mateo 28:19 y Marcos 16:17

Un síntoma de la presencia de las tinieblas en una persona es no entender las cosas de Dios. Ver las cosas de los hombres como prioridad sobre las cosas de Dios es un síntoma claro de cómo los demonios tienen esclava a esa persona.

11. *"Y aconteció que, como se cumplió el tiempo en que había de ser recibido arriba, él afirmó su rostro para ir a Jerusalem. Y envió mensajeros delante de sí, los cuales fueron y entraron en una ciudad de los Samaritanos, para prevenirle. Más no le recibieron, porque era su traza de ir a Jerusalem. Y viendo esto sus discípulos Jacobo y Juan, dijeron: Señor, ¿quieres que mandemos que descienda fuego del cielo, y los consuma, como hizo Elías? Entonces volviéndose él, los reprendió, diciendo: **Vosotros no sabéis de qué espíritu sois;..**" <u>Lucas 9:51-56</u>*

Otro síntoma de la presencia de las tinieblas en una persona es la mala y/o inadecuada interpretación de la Palabra de Dios. Aplicar la Palabra erróneamente, para justificar intereses mezquinos e individualistas.

Sabemos que un resultado directo de la expulsión de demonios es que la vista de la persona es aclarada, discierne correctamente, y lo más valioso, interpreta correctamente las Escrituras.

12. *"Y enseñaba en una sinagoga en sábado. Y he aquí una mujer que tenía espíritu de enfermedad dieciocho años, y andaba agobiada, que en ninguna manera se podía enhestar. Y como Jesús la vio, llamóla, y díjole: Mujer, libre eres de tu enfermedad. Y puso las manos sobre ella; y luego se enderezó, y glorificaba a Dios. Y respondiendo el príncipe de la sinagoga, enojado de que Jesús hubiese curado en sábado, dijo a la compañía: Seis días hay en que es necesario obrar: en estos, pues, venid y sed curados, y no en días de sábado. Entonces el Señor le respondió, y dijo: Hipócrita, cada uno de vosotros ¿no desata en sábado su buey o su asno del pesebre, y lo lleva a beber? Y a esta hija de Abraham, que he aquí **Satanás la había ligado dieciocho años**, ¿no convino desatar la de esta ligadura en día de sábado?"* <u>Lucas 13:10-17</u>

Otro síntoma de la presencia del reino de las tinieblas en una persona: No saber establecer prioridades con respecto a la voluntad de Dios.

Al respecto, Jesús enseñó que nuestra prioridad debe ser *buscar primeramente el reino de Dios y su* justicia. La misericordia triunfa sobre el juicio, sobre la Ley y se aplica como la Ley de la Gracia.

13. *"Dijo también el Señor: Simón, Simón, he aquí* **Satanás os ha pedido** *para zarandaros como a trigo; Mas yo he rogado por ti que tu fe no falte: y tú, una vez vuelto, confirma a tus hermanos."* <u>Lucas 22:31-34</u>

Esta es la advertencia que Jesús le hace a Pedro sobre la asechanza de Satanás. Sabemos por el relato de los evangelios que tal asechanza se llevó a cabo esa misma noche, cuando Pedro negó a Jesús.

Las preguntas de quienes en tres ocasiones se le acercaron para cuestionar sobre su relación con Jesús, fueron en realidad emisarios de Satanás para tenderle la trampa de la que Jesús le había advertido. Pedro minimizó la advertencia y su ingenua proposición de *dispuesto estoy a ir contigo no sólo a la cárcel, sino también a la muerte...*,[120] seguido más tarde ese mismo día de su *Aunque todos se escandalicen de ti, yo nunca me escandalizaré...*,[121] fue lo que provocó que Satanás adquiriera derecho legal sobre Pedro.

De seguro que debido a esta amarga experiencia es que Pedro se atrevió a escribir -y a aconsejar- en su primera epístola, *que el cristiano debe ser templado y debe mantenerse velando,*[122] porque sólo así mantendrá una sensibilidad espiritual para advertir las asechanzas de Satanás.

14. *"Y* ***entró Satanás en Judas****, por sobrenombre Iscariote, el cual era uno del número de los doce;..."* <u>Lucas 22:3</u>

15. *"Jesús le respondió: ¿No he escogido yo a vosotros doce, y* **uno de vosotros es diablo?"** <u>Juan 6:70</u>

16. *"Y la cena acabada, como* **el diablo ya había metido en el corazón de Judas**, *hijo de Simón Iscariote, que le entregase,..."* <u>Juan 13:2</u>

---

[120]   Lucas 22:31-36
[121]   Mateo 26:31-35
[122]   1a Pedro 5:8

17. *"Y tras el bocado Satanás entró en él. Entonces Jesús le dice: Lo que haces, haz lo más presto." Juan 13:27*

18. *"Más un varón llamado Ananías, con Safira su mujer, vendió una posesión, Y defraudó del precio, sabiéndolo también su mujer; y trayendo una parte, púsola a los pies de los apóstoles. Y dijo Pedro: Ananías, ¿por qué ha llenado Satanás tu corazón a que mintieses al Espíritu Santo, y defraudases del precio de la heredad?..." Hechos 5:1-11*

Todos estos textos dan testimonio de los cambios que se operan en el ánimo de una persona por la presencia de las tinieblas en sus vidas. El texto dice literalmente que *Satanás había entrado en el corazón de Judas*, lo que indica que Satanás puede invadir a un cristiano, a obligarlo actuar de formas específicas y hacerle creer que está actuando de acuerdo a la voluntad de Dios. Esta realidad esta testificado en la parábola del sembrador, cuya participación llega hasta *el corazón* de donde tiene derecho para quitar la *Palabra del reino*.[123]

Por supuesto que antes de darse tal situación se habría notado la presencia de ciertos síntomas de que Satanás estaba contaminando a tal persona, en el caso de Judas los síntomas fueron claros, su inadecuada interpretación y mala aplicación de la ley de la Gracia.[124]

19. *"Cuando estaba con ellos en el mundo, yo los guardaba en tu nombre; a los que me diste, yo los guardé, y ninguno de ellos se perdió, sino el hijo de perdición; para que la Escritura se cumpliese." Juan 17:12*

El término *hijo de perdición* se usa para referirse —en este caso— a Judas, quien fue parte del bando apostólico. Este dato nos conduce a entender que *el hijo de perdición* del que Pablo habla en su segunda epístola a los Tesalonicenses[125] sea también un alto dirigente religioso, a la estatura de Judas que tenía un ministerio reconocido. De ser así, ese *hijo de perdición* sería el responsable de haber establecido en el mundo cristiano la apostasía predicha por Pablo.

---

[123]   Mateo 13:19
[124]   Juan 12:5,6
[125]   2da. Tesalonicenses 2:3

Declaraciones de Autoridad

1. *"Porque como por la desobediencia de un hombre los muchos fueron constituidos pecadores, así **por la obediencia de uno los muchos serán constituidos justos.** "* Romanos 5:19

Este texto establece una ley espiritual. De la misma forma cómo Jesús utilizó el *no sólo de pan vivirá el hombre sino de toda Palabra que sale de la boca de Dios,* por la cual Satanás se alejó de Jesús, esta declaración establece por sí misma una regulación sobre el mundo espiritual. La obediencia de uno establecerá regla sobre la ejecutoria de las tinieblas.

2. *"¿Qué pues digo? ¿Que el ídolo es algo? ¿o que sea algo lo que es sacrificado a los ídolos? Antes digo que lo que los Gentiles sacrifican, **a los demonios lo sacrifican,** y no a Dios: **y no querría que vosotros fueseis partícipes con los demonios.** No podéis beber la copa del Señor, y la copa de los demonios: no podéis ser partícipes de la mesa del Señor, y de la mesa de los demonios."* 1 Corintios 10:19-21

Los ídolos en sí mismos no tienen ningún poder o influencia, la práctica de identificarlos como objeto de culto -y rendirles culto- es lo que hace que los demonios ejecuten dominio espiritual sobre quienes los veneran.

Así las cosas, la herramienta que podemos utilizar es la declaración de Pablo: *no somos partícipes de los demonios,* y con ello podríamos añadir: *estamos sentados a la mesa del Señor, declarando con ello que Satanás no tiene jurisdicción sobre nosotros.* Así le restamos autoridad sobre la persona a la cual estemos ministrando.

3. *"No os juntéis en yugo con los infieles: porque ¿qué compañía tienes la justicia con la injusticia? **¿y qué comunión la luz con las tinieblas?"** 2da. Corintios 6:14*

El caso que se descubre aquí es mostrar el peligro que rodea al que ejecuta contratos y acuerdos con personas que no tienen los mismos principios espirituales. La persona corre el riesgo de que los incrédulos impongan sus propias prácticas deshonestas, contaminando y estableciendo yugo espiritual de maldad. Un acuerdo compromete las convicciones de la persona creyente y las traslada como botín de guerra al no creyente.

Pablo recomienda no juntarse con los infieles ni formular con ellos ningún tipo de pacto o compromiso, para evitar así que las tinieblas invadan y aten la integridad del creyente.

4. *"ASI que, amados,* **pues tenemos tales promesas, limpiémonos de toda inmundicia de carne y de espíritu,** *perfeccionando la santificación en temor de Dios."* 2 Corintios 7:1

Las asechanzas de Satanás son forjadas con el propósito de *contaminar* al creyente, y acercarlo de nuevo a las tinieblas. La liberación, como promesa de Dios de mantenernos libre de nuestros enemigos,[126] se ejecuta sobre toda contaminación que Satanás hubiese lanzado.

La herramienta de la liberación de demonios es ver esta palabra como la promesa de Dios: *nos limpiamos de toda inmundicia porque Dios ejecuta su promesa*, y en virtud de esa promesa ejercemos autoridad sobre Satanás.

5. **"Y estando prestos para castigar toda desobediencia,** *cuando vuestra obediencia fuere cumplida."* 2da. Corintios 10:6

Este texto establece una condición para ejecutor la liberación. El ministro debe estar *presto* para castigar toda desobediencia. Tolerar la desobediencia contamina al ministro, debilita su autoridad y le resta participación espiritual.

Solo se puede tener autoridad cuando se castiga la desobediencia. Esto nos exige el entendimiento de que el ministro tiene que haber aprendido a estar sujeto y a obedecer a sus autoridades.

6. *"Más temo que como la serpiente engaño a Eva con su astucia,* **sean corrompidos así vuestros sentidos** *en alguna manera, de la simplicidad que es en Cristo. Porque si el que viene, predicare otro Jesús que el que hemos predicado,* **o recibiereis otro espíritu** *del que habéis recibido, u otro evangelio del que habéis aceptado, lo sufrierais bien."* 2 Corintios 11:3-4

---

[126] Lucas 1:71 "Salvación de nuestros enemigos, y de mano de todos los que nos aborrecieron."

El texto habla de las estrategias de Satanás que buscan contaminar e invadir al creyente de *revelaciones* fraudulentas que propaguen el reino de las tinieblas.

Aquí, el apóstol Pablo señala que una contaminación no tratada a tiempo puede llegar a *corromper los sentidos*.

La herramienta de liberación que podemos utilizar es recriminarle a Satanás ese acto de corromper los sentidos, y declararle que en la cruz del calvario Cristo le venció, exhibiéndole públicamente y triunfando sobre él. ¿Por qué decimos que debemos recriminarle? porque Pablo nos urge: "*Y no comuniquéis con las obras infructuosas de las tinieblas; sino antes bien redargüidlas*",[127] y precisamente, *redargüir* significa convertir el argumento contra quien lo hace. Le recriminamos a Satanás y le prohibimos que corrompa los sentidos de la persona.

7. "*En que en otro tiempo anduvisteis conforme a la condición de este mundo, **conforme al príncipe de la potestad del aire, el espíritu que ahora obra en los hijos de desobediencia:**…*" Efesios 2:2

8. "***Nadie os engañe con palabras vanas;*** *porque por estas cosas viene la ira de Dios sobre los hijos de desobediencia.*" Efesios 5:6

La desobediencia obedece a un espíritu que tiene potestad en los aires. Una persona que manifieste desobediencia, rebeldía y/o irrespeto a la autoridad, de seguro que está recibiendo influencia de este espíritu. La herramienta útil de liberación es que de antemano sabemos a quién debemos reprender y dónde ubicarlo.

9. "*Por lo cual, **dejada la mentira, hablad verdad cada uno con su prójimo;** porque somos miembros los unos de los otros. Airaos, y no pequéis; no se ponga el sol sobre vuestro enojo; **Ni deis lugar al diablo.**" Efesios 4:25-29

Se le da lugar al diablo cuando se habla mentira. Se le entrega autoridad a Satanás cada vez que la persona hace uso de la mentira en sus conversaciones cotidianas.

---

[127]   Efesios 5:11

No se supone que un cristiano hable mentira, esa práctica es resultado del viejo hombre, y sabemos que cada vez que el hombre y la mujer hablan mentira le ceden derecho y autoridad a Satanás, derecho que no será recuperado sin que antes se cancele la fuente que le otorga autoridad.

La herramienta de liberación que nos es útil señalar aquí es que se debe confrontar a la persona con esta práctica, esto en la teología de Pablo es *corregir con mansedumbre.*

Se debe llevar a la persona a que reconozca su deficiencia cristiana, a que le pida perdón a Dios por sus actos, y a que le arrebate la autoridad que le entregó a Satanás a través de su negligencia. Es un proceso que debe seguirse para que la persona enmiende sus actos y que se sobreponga a la autoridad que Satanás se hubiese adjudicado.

La razón de porque se debe operar de esta forma es debido a que la persona que practica la mentira alimenta su viejo hombre, y Satanás no retrocederá mientras la persona no reconozca su pecado y le pida perdón a Dios. De acuerdo al texto en estudio, la ira también es otro mal que puede darle lugar a Satanás.

10. *"Y no comuniquéis con las obras infructuosas de las tinieblas; **sino antes bien redargüidlas.**" Efesios 5:11*

Como ya se señaló anteriormente, *redargüir* significa convertir el argumento contra quien lo hace. Esto se logra cuando le recriminamos a Satanás por sus acechanzas, sus ataduras, sus maldiciones, sus yugos y demás artimañas que ha impuesto sobre la persona con quien estamos trabajando, y le ponemos en vergüenza por haber actuado de esa manera en contra de tal persona. A medida que recriminamos, paralelamente con cada recriminación, lo confrontamos con la Palabra —y citamos— con aquella que muestre el peso de juicio de Dios sobre él por causa de tal acción. A través de la Palabra. Al final le declaramos que en la cruz del calvario Cristo le venció, exhibiéndole públicamente y triunfando sobre de él.

Por ejemplo, supongamos que estamos tratando un caso de una persona que ha practicado el espiritismo. En el proceso de liberación le declaramos al enemigo:

Tú viniste a engañar a esta persona, le hiciste creer que invocando espíritus de santos, de ángeles, invocando muertos, etc., estaba actuando según la voluntad de Dios. Le has engañado pues la Palabra dice que Dios no comparte su Gloria con nadie. La Palabra dice que no debemos consultar adivinos, agoreros, ni pitónicos, ni magos, etc... En vista de que has actuado de tal forma, yo te reprendo, Satanás, y te ordeno a salir fuera, en el nombre de Jesús.

Nótese que usamos textos del Antiguo Testamento, Isaías 42:8 y Levítico 19:31; 20:6; y con ello estamos redarguyendo a las tinieblas, le restamos autoridad porque al confrontarlos con las Escrituras las exhibimos públicamente, y luego las reprendemos ordenándoles a salir.

11. *"Porque no tenemos lucha contra sangre y carne;* **sino contra principados, contra potestades, contra señores del mundo, gobernadores de estas tinieblas, contra malicias espirituales en los aires."** *Efesios 6:12*

Este es el texto clásico que nos muestra que estamos en lucha constante en contra de Satanás. Es importante señalar que este texto no debe interpretarse únicamente como una lucha en contra del pecado, el texto claramente señala que es una confrontación de autoridades que buscan establecer su dominio en un terreno con linderos definidos, ello lo vemos por las categorías de dominios territoriales que se citan.

12. *"Por lo cual te aconsejo que despiertes el don de Dios, que está en ti por la imposición de mis manos.* **Porque no nos ha dado Dios el espíritu de temor, sino el de fortaleza, y de amor, y de templanza.** *Por tanto no te avergüences del testimonio de nuestro Señor, ni de mí, preso suyo; antes sé participante de los trabajos del evangelio según la virtud de Dios,..." 2 Timoteo 1:6-8*

La lucha espiritual puede ser individual o colectiva, en ambos casos debe generarse la convicción necesaria para actuar conforme a la convicción y no conforme a los sentimientos o emociones de temor que surjan por causa de la influencia satánica. El texto nos sugiere que cada vez que se reprenda un *espíritu de temor* debe ministrarse el surgimiento de otros que promulguen el espíritu de fortaleza, amor y templanza. En la liberación no debe dejarse espacios vacíos dentro de la persona.

13. *"Que el siervo del Señor no debe ser litigioso, sino manso para con todos, apto para enseñar, sufrido;* **Que con mansedumbre corrija a los que se oponen***: si quizá Dios les dé que se arrepientan para conocer la verdad, Y* **se zafen del lazo del diablo, en que están cautivos a voluntad de él.***" 2 Timoteo 2:24-26*

El texto es contundente con respecto a la realidad de la actividad satánica en una persona. La intención de Satanás como lo hemos expresado anteriormente, es convertir al hombre en esclavo suyo. Satanás tiene como único propósito atar a la persona y mantenerla cautiva a su voluntad.

Pablo entiende que el arrepentimiento es necesario, pero reconoce también que es imprescindible el conocimiento de la verdad, y para lograrlo, quien ejerza la liberación debe tener claro que parte de sus funciones es *corregir* a la persona en cuanto a sus ideas y acciones, sin ello no podría liberarse completamente de la influencia satánica.

El procedimiento a seguir es corregir con mansedumbre para que la persona pueda reconocer su deficiencia cristiana, y para que luego le pida perdón a Dios por sus actos, y que le arrebate la autoridad que le entregó a Satanás por su negligencia.

14. *"Pero si tenéis envidia amarga y contención en vuestros corazones, no os gloriéis, ni seáis mentirosos contra la verdad: Que esta sabiduría no es la que desciende de lo alto, sino terrena, animal, diabólica.* **Porque donde hay envidia y contención, allí hay perturbación y toda obra perversa.***" Santiago 3:14-16*

La envidia y la contención son fuente de perturbación y de toda obra perversa. No basta con reprender la perturbación y tratar de cancelar toda obra perversa, es necesario deshacer las fuentes que la producen.

Si revisamos el texto con detenimiento nos daremos cuenta que tales afecciones no son el resultado de una atadura del enemigo, son más bien la manifestación del viejo hombre que está queriendo mostrarse como un cristiano espiritual, producto de una actitud que ha mantenido la independencia del señorío de cristo.

Este caso no se reduce a reprender al demonio solamente, es necesario corregir a la persona para conducirlo en el proceso de pedir perdón a Dios y de arrebatarle la autoridad cedida a Satanás por sus actos. Es la única forma cómo el demonio soltará ese territorio. Se reprenden espíritus, no se puede reprender actitudes.

15. *"...Cualquiera pues que quisiere ser amigo del mundo, se constituye enemigo de Dios. ¿Pensáis que la Escritura dice sin causa:* **El espíritu que mora en nosotros codicia para envidia?***" Santiago 4:1-5*

La traducción de J. N. Darby parece ser más acertada: *"¿Acaso el Espíritu que ha hecho morada en nosotros desea envidiosamente?"*. El texto es tomado de alguna referencia desconocida para nosotros, pero lo importante es que se establece que toda manifestación de envidia no procede del Espíritu Santo, es una manifestación de otro espíritu.

Esto lo decimos porque Santiago al disertar sobre los problemas de celo y envidia que se están dando dentro de la iglesia, reconoce la existencia de un Espíritu que mora en nosotros, pero no para producir celos o envidia, así que si éste los está produciendo, el espíritu debe tener otra procedencia.

La envidia por ser fruto de un espíritu del mundo, quien la alberga en su ser se constituye en amigo del mundo, y por ende, se constituye en enemigo de Dios.

Enunciados de victoria

1. *"Y como le vieron, le adoraron: más algunos dudaban. Y llegando Jesús, les habló, diciendo:* **Toda potestad me es dada en el cielo y en la tierra**. *Por tanto, id, y doctrinad a todos los Gentiles,.."* Mateo 28:17-20

De esta potestad tomamos nosotros, por cuanto somos herederos de Dios, y coherederos de Cristo.[128] Por lo tanto, al hacer uso de esta expresión estamos declarando la victoria de Cristo sobre el reino de las tinieblas alcanzada en la cruz del calvario.

2. *"Más si por el dedo de Dios echo yo fuera los demonios, cierto el reino de Dios ha llegado a vosotros." Lucas 11:20*

El texto habla por sí solo. Es el enunciado por excelencia, en él se declara que Dios es quien ejerce la autoridad como evidencia de que el reino de Dios se ha establecido.

3. *"Ya vosotros sois limpios por la palabra que os he hablado." Juan 15:3*

Ese es el propósito de la liberación. Esta declaración puede ser usada al final del proceso de ministración, equivalente al *consumado es*, de Cristo en la cruz del calvario.

4. *"La noche ha pasado, y ha llegado el día: echemos, pues, las obras de las tinieblas*, y vistámonos las armas de luz,.." Romanos 13:12*

Por cuanto no somos hijos de la noche, las tinieblas no tienen autoridad sobre nosotros; por lo tanto, al declarar esta expresión no sólo estamos validando la Palabra de victoria, sino también debilitamos el imperio de Satanás y con autoridad le expulsamos y le arrebatamos sus límites.

5. *"Así que, no juzguéis nada antes de tiempo, hasta que venga el Señor, **el cual también aclarará lo oculto de las tinieblas, y manifestará los intentos de los corazones:** y entonces cada uno tendrá de Dios la alabanza." 1 Corintios 4:5*

Esta palabra establece una ley espiritual: Dios aclarará lo oculto de las tinieblas. Dios revela lo que está oculto a nuestro conocimiento, aún lo oculto en el corazón del hombre. Lo valioso de esta declaración es que

---

[128] Romanos 8:17

podemos exigir que sean manifestadas las tinieblas que se ocultan para que así las podamos expulsar sin mayor inconveniente.

6. *"Porque es menester que él reine,* **hasta poner a todos sus enemigos debajo de sus pies.** *"* 1 Corintios 15:25

Este texto expresa una realidad espiritual, y es el hecho de que estamos en una lucha en contra de las fuerzas de las tinieblas. El cometido de la iglesia es **poner a todos sus enemigos debajo de sus pies.**

7. *"Porque no seamos engañados de Satanás: pues* **no ignoramos sus maquinaciones.** *"* 2 Corintios 2:11

Cuando Pedro recibió la advertencia de Jesús de que Satanás lo había pedido para zarandearlo, la noche que Él fue entregado, le enseñó con ello que un cristiano no debe ignorar las maquinaciones de Satanás. Pedro entendió perfectamente esta enseñanza porque en sus cartas él advierte a sus lectores que Satanás, como león rugiente, anda alrededor buscando a quien devorar.[129]

Maquinar significa urdir, tramar algo oculta y artificiosamente, obviamente para producir mal. El salmista David declara Jehová hace nulo el consejo de las gentes, y frustra las maquinaciones de los pueblos.[130] Ello nos da la seguridad de que toda maquinación del enemigo será desvirtuada y tirada por tierra.

8. *"Así que, amados, pues tenemos tales promesas,* **limpiémonos de toda inmundicia de carne y de espíritu,** *perfeccionando la santificación en temor de Dios. "* 2 Corintios 7:1

La palabra que Pablo parafrasea y con la que él concluye el capítulo anterior de su segunda epístola, está tomada del Éxodo en referencia a la salida del pueblo de Egipto: *"Habitaré y andaré en ellos; y seré el Dios de ellos, y ellos serán mi pueblo. Por lo cual Salid de en medio de ellos, y apartaos, dice el Señor, Y no toquéis lo inmundo; Y yo os recibiré, Y seré a vosotros Padre, Y vosotros me seréis a mí hijos e hijas, dice el Señor Todopoderoso."*

---

[129]   1a Pedro 5:8

[130]   Salmos 33:10

Según Pablo en dicha declaración se encuentra la promesa de Dios que nos hace aptos, y nos capacita con autoridad para limpiarnos de toda inmundicia. Que si nos apartamos de lo inmundo, entonces Dios nos recibirá, El será a nosotros por Padre y seremos convertidos en sus hijos.

9. *"Pues aunque andamos en la carne, no militamos según la carne.* *(Porque las armas de nuestra milicia no son carnales, sino poderosas en Dios para la destrucción de fortalezas;) Destruyendo consejos, y toda altura que se levanta contra la ciencia de Dios, y cautivando todo intento a la obediencia, de Cristo; Y estando prestos para castigar toda desobediencia, cuando vuestra obediencia fuere cumplida.*" *2 Corintios 10:3-6*

La referencia constante que Pablo hace de la lucha espiritual contra el reino de las tinieblas deja claro la preocupación que él tenía por el daño que Satanás puede causar en un cristiano si no está debidamente preparado para resistirle.

No es que Pablo entienda que esta lucha no se pueda ganar, es que él reconoce que el mayor inconveniente que un cristiano puede confrontar es su propia humanidad –*pues andamos en la carne*–, pues es aquí donde Satanás tiene la mayor probabilidad de ganar por el inconveniente de que la carne obra a favor del pecado.

Sin embargo, Pablo entiende también que si logramos trascender ese límite de inoperancia en la fe, y sabemos identificar las armas de nuestra milicia, bien podremos salir vencedores por medio de aquel que nos amó.

Cónsono con Pablo, Pedro también escribe acerca de este peligro: "*Amados, yo os ruego como a extranjeros y peregrinos, os abstengáis de los deseos carnales que batallan contra el alma...*"[131] Al parecer este era un principio doctrinal de la naciente iglesia, como punto de partida, y la base según Pablo para lograr victorias en contra de Satanás.

A partir de allí es que Pablo elabora su teología y va establecer que "*no tenemos lucha contra sangre y carne; sino contra principados, contra potestades, contra señores del mundo, gobernadores de estas tinieblas, contra*

---

[131] 1a Pedro 2:11

malicias espirituales en los aires."[132], Y luego le recomendará a Timoteo: **"*Ninguno que milita se embaraza en los negocios de la vida; a fin de agradar a aquel que lo tomó por soldado.*"**[133]

Así que, dado que nuestra lucha es espiritual, la carne tiene que quedar relegada a un segundo plano y no permitir que ella interfiera en esta batalla. Las armas son espirituales también, y Pablo reconoce que son poderosas en Dios para la destrucción de fortalezas, son armas que exigen un nivel adecuado de sumisión a la autoridad, santidad, integridad, fe y oración.

Nuestra milicia es marchar en contra del reino de Satanás, tenemos como objetivos ***destruir consejos, y toda altura que se levanta contra la ciencia de Dios, y cautivar todo intento a la obediencia, de Cristo; Y estar prestos para castigar toda desobediencia...***

Esta es nuestra victoria, porque sabemos contra quién peleamos, conocemos cuáles son nuestras armas y los objetivos que tenemos que destruir.

10. *"Porque en otro tiempo erais tinieblas; **mas ahora sois luz en el Señor***: andad como hijos de luz,..." Efesios 5:8

El texto es contundente, somos luz en el Señor, y si luz, las tinieblas **tienen que huir** ante nuestra presencia.

11. *"**Vestíos de toda la armadura de Dios**, para que podáis estar firmes contra las asechanzas del diablo."* Efesios 6:11

De nuevo está presente la preocupación de Pablo de estar firmes contra las asechanzas del diablo. A los Corintios les escribió que nuestras armas no son carnales, aquí a los Efesios les escribe sobre la necesidad de vestir la armadura de Dios.

---

[132] Efesios 6:12
[133] 2a Timoteo 2:4

En ambos casos Pablo deja de manifiesto que tenemos los recursos en Dios necesarios para someter a la obediencia al reino de Satanás y la autoridad suficiente para expulsarlo de sus antiguos linderos.

12. *"**Que nos ha librado de la potestad de las tinieblas**, y trasladado al reino de su amado Hijo;.." <u>Colosenses 1:13</u>*

Esta declaración de Pablo es poderosa porque establece dos principios importantes. El primero, sobre el significado de que nos ha librado de la potestad de las tinieblas; y el segundo, sobre el valor de habernos trasladado al reino de su amado hijo.

El significado del primer principio —que nos ha librado de la potestad de las tinieblas—, se remonta al momento de la crucifixión, particularmente al instante cuando Jesús entregó el espíritu luego de haber declarado *consumado es*.[134] Según Pablo, es en este momento cuando Jesús despojó a los ***principados y a las potestades***[135] de la autoridad que ejercían sobre la humanidad, y se la acredita a todos aquellos que por la fe en su nombre han reconocido el reino de Dios.

Esta enseñanza —vital en Pablo— porque de ello depende no sólo la victoria sobre Satanás, sino también la victoria sobre la carne y el pecado, está basada en el hecho de que Jesús destruyó por la muerte al que tenía el imperio de la muerte, es a saber, al diablo,[136] y en virtud de que por él fueron creadas todas las cosas, las que hay en los cielos y las que hay en la tierra, visibles e invisibles; sean tronos, sean dominios, sean **principados**, sean **potestades**; todo fue creado por medio de él y para él,[137] por su sacrificio expiatorio en la cruz del calvario restringe a Satanás su autoridad sobre los que han creído a su Palabra, y le impide continuar ejerciendo sobre ellos la autoridad que les había arrebatado a Adam y Eva.

El *habernos librado* significa que Satanás no tiene permiso de ejercer dominio sobre estos que han creído en Jesús, el Cristo, el hijo del Dios Viviente. Él fue despojado de su autoridad hacia los que han

---

134 Juan 19:30
135 Colosenses 2:15
136 Hebreos 2:14
137 Colosenses 1:16

creído, esto es los que conforme al propósito han sido llamados, que la única autoridad que puede poseer sobre ellos es la que ellos mismos le concedan. A esto apunta la oración de Jesús al Padre sobre la participación del creyente con las cosas del mundo: *"No ruego que los quites del mundo, sino que los **guardes del mal**."*[138]

El segundo principio, sobre el valor de habernos trasladado al reino de su amado hijo, requiere primero que revisemos acerca del concepto de reino predicado por Jesús. La mejor definición que aparece en los evangelios la encontramos en el evangelio de Juan cuando Jesús es presentado ante Poncio Pilato, Jesús manifestó: *"Mi reino no es de este mundo: si de este mundo fuera mi reino, mis servidores pelearían para que yo no fuera entregado a los Judíos: ahora, pues, mi reino no es de aquí."*[139] Y, en esta declaración Jesús admite que el reino no tiene su sede en la tierra, que aunque se manifiesta en ella, su sede está en los cielos, y para quienes entendieron esta definición sabían que los cielos es el lugar de las divinidades, por lo tanto, el reino de Dios es divino y trasciende las leyes de la física humana.

Y aquí se establece que el reino tiene un carácter espiritual. Si a esto lo comparamos con la enseñanza de Jesús dada a Nicodemo sobre que el que no naciere de agua y del Espíritu, no puede entrar en el reino de Dios,[140] bien podemos establecer que el reino de su amado hijo es espiritual.

13. *"Porque no nos ha llamado Dios a inmundicia, **sino a santificación**." 1 Tesalonicenses 4:7*

La santificación no es un elemento doctrinal nuevo acuñado por el cristianismo, es y ha sido el tema central de la constitución del reino de Israel. En el libro de Levítico lo encontramos como un mandamiento para los integrantes del pueblo de Israel. *"44 Pues que yo soy Jehová vuestro Dios, **vosotros por tanto os santificaréis, y seréis santos, porque yo soy santo**: así que no ensuciéis vuestras personas con ningún reptil que anduviere arrastrando sobre la tierra. 45 Porque yo soy Jehová, que os hago subir de la tierra de Egipto para seros por Dios: **seréis pues santos, porque yo soy santo**."*[141]

---

[138] Juan 17:15
[139] Juan 18:36
[140] Juan 3:5
[141] Levítico 11:44,45

Así que, desde el momento en que la persona entra a formar parte del reino de Dios, se activa en ella la condición de la santificación. No se puede concebir que un integrante del reino acceda por decisión propia a la inmundicia, de hacerlo, en realidad, tal persona no es miembro del pueblo de Dios.

Formar parte del reino de Dios lleva a la persona a accionar en función de convicciones que desechan la inmundicia como estilo de vida.

14. *"**Más vosotros, hermanos, no estáis en tinieblas**, para que aquel día os sobrecoja como ladrón; **Porque todos vosotros sois hijos de luz, e hijos del día**; no somos de la noche, ni de las tinieblas."* 1a Tesalonicenses 5:4,5

La lucha que se desarrolló en el huerto del Edén entre Eva y la serpiente era una lucha de revelaciones, sobre cuál revelación prevalecería sobre cual, y quién se sometería a quién. Lamentablemente prevaleció la revelación de la serpiente, una revelación diabólica,[142] y resultó tanto Adam como Eva sometiéndose a esta revelación.

El hombre no puede vivir sujeto a la revelación de la serpiente porque al hacerlo traerá muerte y confusión a su existencia, por ello la importancia de estas declaraciones de victoria, porque no solo rompen con su cordón umbilical sino más, establecen quién se sujeta a quién. Su declaración establece la victoria sobre las tinieblas.

15. *"**El cual siendo el resplandor de su gloria, y la misma imagen de su sustancia, y sustentando todas las cosas con la palabra de su potencia**, habiendo hecho la purgación de nuestros pecados por sí mismo, se sentó a la diestra de la Majestad en las alturas,"* Hebreos 1:3

¿Cuánto poder hay en esta declaración? Algo que he aprendido en los años de mi ministerio es que la Biblia no es un libro de poesías, sus palabras no tienen el propósito de impactar por su belleza literaria, su peso no se encuentra en la rima, ni en la armonía prosaica, su verdadero valor está en el significado espiritual de cada palabra.

---

[142] Santiago 3:15

¿Quién es Jesús? ¿A quién servimos? Aquí está la respuesta. Jesús es el *resplandor de la Gloria de`Dios*. Jesús es *la misma imagen de su sustancia*. Jesús *sustenta todas las cosas con la palabra de su potencia*. Así que, si entendemos a quien servimos, de seguro que la convicción de una declaración como esta le pondrá limite a toda participación de las tinieblas en el lugar que sea.

16. *"Así que, por cuanto los hijos participaron de carne y sangre, **él también participó de lo mismo, para destruir por la muerte al que tenía el imperio de la muerte, es a saber, al diablo,...**"* <u>Hebreos 2:14</u>

Si El participó también de lo mismo, es decir, de las limitaciones de las condiciones adámicas, y destruyó al que tenía el imperio de la muerte, entonces, los que creen en su nombre *participan también de lo mismo,* por la fe, de lo que El conquistó para si en la cruz.

Se trata de una transferencia de limitaciones, de parte de la condición adámica hacia Jesús, y de beneficios de parte de Jesús hacia el hombre, por la cruz del calvario.

Una declaración como esta es vital para todo aquel que ejerce la liberación como ministerio. Aprenderla de memoria y desarrollar convicción por ella.

17. *Porque **la palabra de Dios es viva y eficaz, y más penetrante que toda espada de dos filos: y que alcanza hasta partir el alma, y aun el espíritu, y las coyunturas y tuétanos, y discierne los pensamientos y las intenciones del corazón.*** <u>Hebreos 4:12</u>

En el origen de la creación, cuando Adam y Eva estaban siendo enfrentados por *querubín grande y cubridor*, el peso de las acciones estaba concentrado en la palabra. Las acciones no eran producto de intenciones, eran el resultado de palabras habladas, ni siquiera escritas.

Dios habló, y dijo, y fue hecho. Todo lo que se hablaba era bueno, porque Dios lo habló. Este es el sistema del reino de los cielos.

La batalla que se originó en la serpiente para confundir a Eva estuvo basada en palabras. Fueron las palabras las que establecieron un sistema de vida en el que tanto Adam como Eva entraron, y por ellas fue establecido el límite de su campo de acción.

Para romper ese campo de acción se necesitan palabras con suficiente autoridad legal que las rompa. Por eso, la única forma de romper el yugo satánico es a través del establecimiento de marcos de referencia basados en la palabra.

La palabra es una espada. Satanás atiende no al tenor de la voz, ni a los gestos de la persona, atiende única y exclusivamente al límite que las palabras le establecen. Son el derecho legal en los aires para condicionar la acción de los seres que están sometidos a su dominio.

18. *Por lo cual, dejando toda inmundicia y superfluidad de malicia,* **recibid con mansedumbre la palabra ingerida, la cual puede hacer salvas vuestras almas.** *Santiago 1:21*

Uno de los principios fundamentales de la lucha espiritual, es que la palabra no debe interpretarse, debe validarse y ejecutarse.

Así que, cuando una persona es sometida a liberación, debe habérsele explicado que la única forma para ser libertada es sujetándose a la palabra, sin tratar de interpretarla, de hacerlo estará sujeto a nuevas ataduras satánicas, pues debe advertirse que la forma como la serpiente engañó a Eva fue interpretando la palabra de Dios.

19. *Os he escrito a vosotros, padres, porque* **habéis conocido al que es desde el principio.** *Os he escrito a vosotros, mancebos, porque* **sois fuertes, y la palabra de Dios mora en vosotros, y habéis vencido al maligno.** *1 Juan 2:14*

Nos habremos dado cuenta cuánta ausencia hay de valores en nuestros días. La sociedad se hunde precisamente por falta de valores. Si transmitiéramos a nuestros hijos estos principios desde el momento mismo de su alumbramiento, tendríamos un ejército poderoso en la palabra.

20. *El que hace pecado, es del diablo; porque el diablo peca desde el principio.* **Para esto apareció el Hijo de Dios, para deshacer las obras del diablo.** *1 Juan 3:8*

Esta es una declaración de victoria que no debe faltar en el vocabulario del que ejerce la liberación en su ministerio. Establece propósito, visión y misión del ministro.

21. **Y ellos le han vencido por la sangre del Cordero, y por la palabra de su testimonio;** *y no han amado sus vidas hasta la muerte.* *Apocalipsis 12:11*

A veces se nos olvida el sentido de todas las situaciones por las que atravesamos en nuestra vida. Estamos venciendo a Satanás con la forma cómo enfrentamos cada situación por la que atravesamos, por eso lo importante de la forma cómo reaccionamos ante las situaciones. Es parte de la lucha espiritual.

CAPÍTULO 7

LA ÉTICA DE LA LIBERACIÓN

Como toda doctrina, la liberación también debe observar un código de ética que le permita ser instrumento de enseñanza, y que rija la motivación de todo aquel que la práctica para que se mantenga como instrumento al servicio del Reino de Dios.

Debemos siempre recordar que el propósito de la liberación es que el Reino se establezca. No debemos perder de vista este principio que es fundamental para quienes quieran hacer la voluntad de Dios. Una persona que se divorcie de este principio corre el riesgo de ser descalificado del propósito primordial del Reino de Dios en la tierra.

> *No todo el que me dice: Señor, Señor, entrará en el reino de los cielos: **más el que hiciere la voluntad de mi Padre que está en los cielos.***
>
> *Muchos me dirán en aquel día: Señor, Señor, ¿no profetizamos en tu nombre, y en tu nombre lanzamos demonios, y en tu nombre hicimos mucho milagros?*
>
> *Y entonces les protestaré: Nunca os conocí; apartaos de mí, **obradores de maldad.***
>
> *Mateo 7:21-23 (RVA)*

Los principios más importantes que queremos discutir son los siguientes:

La liberación se ejerce en función de la misericordia de Dios.

La palabra misericordia aparece 379 veces en la Biblia, ello demuestra el valor que tiene dentro de la dispensación de la Gracia. La Biblia enseña que *"Es por la misericordia de Jehová que no somos consumidos, porque nunca decayeron sus misericordias."*[143] Y Jesús nos advierte que debemos aprender *"...qué cosa es: Misericordia quiero, y no sacrificio: porque no he venido a llamar justos, sino pecadores a arrepentimiento."*[144]

Todo esto debe imponernos la necesidad de que cada vez que ejerzamos la liberación en beneficio de una persona –o de una región– debemos, número uno, apelar a la misericordia de Dios hacia esa persona o región; y número dos, nosotros mismos debemos desarrollar misericordia por ella. Un binomio que de no existir uno de sus componentes no se tiene la garantía de obtener un resultado óptimo.

La misericordia es necesaria —y debemos enseñarla— para que la persona que va a ser ministrada entienda que ella misma debe ser merecedora de tal beneficio, y que si encubre su pecado y no se aparta de él, no podrá recibir ni la misericordia de Dios, ni una total liberación.[145]

La liberación es para los que están sometidos a la voluntad de Dios.

Cuando Jesús envió por primera vez a sus discípulos a pregonar el evangelio del reino, les declaró una instrucción básica sobre a dónde ir a ministrar, les dijo: *"...por el camino de los Gentiles no iréis, y en la ciudad de Samaritanos no entréis; Mas id antes a las ovejas perdidas de la casa de Israel..."*[146]

La instrucción es dada para reafirmar que el propósito de la liberación es para los que están dentro del Reino de Dios. En otro texto se señala

---

[143] Lamentaciones de Jeremías 3:22,23
[144] Mateo 9:13
[145] Proverbios 28:13
[146] Mateo 10:5,6

que "…*No es bien tomar el pan de los hijos, y echarlo a los perrillos.*".[147]
Y aunque ambas declaraciones implican una inclusión geográfica, su
aplicación es para denotar la necesidad de que la persona ministrada
manifieste su sometimiento a la voluntad de Dios.

El evangelista Juan declara en su evangelio que "*a los suyos vino, y los suyos
no le recibieron. Mas a todos los que le recibieron dioles potestad de ser hechos
hijos de Dios...*"[148] Esto claramente establece que no se debe ministrar
liberación a una persona que no se ha rendido a Cristo. Debe primero
cerciorarse de que la persona es cristiana, y si en algún momento alguien
viene de otro lugar, debería pedirse una recomendación del pastor de su
localidad para así evitar estar empeñando una ministración a alguien que
aún no ha conocido a Jesús. Recordemos lo que le sucedió a Josué con los
Gabaonitas, que le engañaron y después no les pudo despojar.[149]

La liberación es para la persona que es digna de recibirla.

Otra instrucción que Jesús declaró a sus discípulos con respecto a la
forma de ministrar tenía que ver con la capacidad de la persona de
recibir ministración. Jesús les instruyó: "*Mas en cualquier ciudad, o aldea
donde entrareis, investigad quién sea en ella digno, y reposad allí hasta
que salgáis:*"[150] . Casi similar a la situación anterior, lo único que aquí
podemos tener el caso de que se trate de una persona que no manifieste
mayor interés en recibir su liberación, que no vea una real necesidad de
ser liberada.

El riesgo que corremos es que podemos actuar irresponsablemente como
mayordomos que no sabemos dispensar la gracia de Dios, y exponemos
a la persona a una mayor dominación del enemigo. Jesús declaró que el
demonio tratará de volver a su posesión anterior, y si la persona no se
somete a Dios, su postrer estado sería peor que el primero y a la larga le
estaríamos haciendo un daño más que un bien.

---

[147]   Mateo 15:25-27; Marcos 7:26-28
[148]   Juan 1:11
[149]   Josué 9:11-13
[150]   Mateo 10:11

Además, para efectos de quien ejerce la liberación, no es bueno ministrarla a quien no quiere someterse a Dios porque ello pone en riesgo también nuestro ministerio. Se nos ha aconsejado que cuidemos de no echar nuestras perlas a los perros y a los cerdos. Esta parte debe considerarse con mucho cuidado porque inclusive el mismo Satanás podría preparar una trampa. Pablo dice que debemos conocer sus artimañas.[151]

Si revisamos el texto de Mateo 7:6 veremos que en él se señala un peligro:

> *"No deis lo santo a los perros, ni echéis vuestras perlas delante de los puercos; **porque no las rehuellen con sus pies, y vuelvan y os despedacen...**" el peligro de que comprometamos irresponsablemente nuestro ministerio y que las tinieblas roben autoridad. Si tenemos duda al respecto es recomendable no tocar a la persona en liberación, oramos por ella y la encomendamos al Señor pero no la tocamos en liberación.*

No liberar lo que Dios no quiere que se libere.

Otra situación que puede darse es el caso de que la persona esté bajo algún castigo divino y cuya duración aún no se haya cumplido, ir en contra de dicho castigo sin tener la aprobación de Dios sería dispensar la Gracia irresponsablemente.

> <u>I Samuel 28:6, 15,16</u> *"⁶Y consultó Saúl a Jehová; pero Jehová no le respondió, ni por sueños, ni por Urim, ni por profetas. ...¹⁵Y Samuel dijo a Saúl: ¿Por qué me has inquietado haciéndome venir? Y Saúl respondió: Estoy muy congojado; pues los Filisteos pelean contra mí, y Dios se ha apartado de mí, y no me responde más, ni por mano de profetas, ni por sueños: por esto te he llamado, para que me declares qué tengo de hacer. ¹⁶Entonces Samuel dijo: ¿**Y para qué me preguntas a mí, habiéndose apartado de ti Jehová, y es tu enemigo?**"*

---

[151] 2a Corintios 2:10,11 "Porque no seamos engañados de Satanás, pues no ignoramos sus maquinaciones"

Este es el caso clásico. Claro, a veces podríamos pensar y argumentar que este caso obedece a la excepción y no a la regla general. La verdad es que hay situaciones que tienen un tiempo de purgación y hasta que ese tiempo no se cumpla no puede ser levantada la maldición, el castigo o la disciplina impuesta directamente por el Señor.

Saúl estaba en este periodo precisamente por su arrogancia, por no haber visto el propósito de Dios por el cual había sido escogido por rey, arrogancia que le llevó no solo a impedir que alguien le ayudara, sino también que le costó haber perdido el reino.

Debido a un concepto parcial que tenemos acerca de la Gracia y de la Misericordia de Dios nos parece ilógico, absurdo y hasta blasfemo creer que Dios pueda tener a alguien sometido a un castigo por algún tiempo determinado. Sin embargo, el escritor de la epístola a los Hebreos, de pensamiento netamente judío, establece que *Dios es fuego consumidor,*[152]y que somete a aquellos a que ama en una disciplina como la de un padre a un hijo.

La ley mosaica reconoce la presencia de *hijos contumaces*[153]y establece aun castigos tan severos como el de la muerte. Así que, Gracia y Misericordia no significan tolerancia de la rebeldía. Esta lección se desprende también del relato del evento que acontece sobre el sumo sacerdote Elcana, por la incapacidad de Elcana de corregir el desvarío de sus hijos, que *eran hombres impíos.*[154]

En el Nuevo Testamento también está presente este mismo principio. La situación que se plantea en la primera epístola del apóstol Pablo a los Corintios, un miembro de la comunidad cristiana de Corintios a quien Pablo lo *entrega a Satanás.*[155] El caso de Simón,[156] el mágico de Samaria, miembro de la comunidad de fe de Samaria que había creído y hecho profesión de fe, pero aún manifestaba interés malvado. Fue necesario que

---

[152] Hebreos 12:29
[153] Deuteronomio 21:20
[154] I Samuel 2:11-36
[155] 1ra. Corintios 5:1-5
[156] Hechos 8:20-23

él recibiera de Dios y de los apóstoles una llamada de atención que le confrontara con su interés mezquino.

Y podríamos seguir citando más casos, pero los citados nos deben ser suficientes para entender que pudiera haber casos de situaciones que vendrían a nosotros, los cuales nos podrían estar prohibidos de parte del Señor de libertarlos por causa de algún tiempo de disciplina y/o castigo impuesto por el Todopoderoso. En la evaluación debemos indagar qué tipo de situación prevalece para evitar actuar en contra de lo que Dios ha establecido.

> *Romanos 1:24, 26,28* "*²⁴Por lo cual también* **Dios los entregó a inmundicia**, *en las concupiscencias de sus corazones, de suerte que contaminaron sus cuerpos entre sí mismos...* *²⁶Por esto* **Dios los entregó a afectos vergonzosos**; *pues aun sus mujeres mudaron el natural uso en el uso que es contra naturaleza:...* *²⁸Y como a ellos no les pareció tener a Dios en su noticia,* **Dios los entregó a una mente depravada**, *para hacer lo que no conviene,*"

¿Cómo entender que Dios pueda *entregar* a algunos a inmundicia, afectos vergonzosos y mente depravada? El texto es contundente y debemos entender que ante situaciones similares a las planteadas en él debemos antes pedir autorización a Dios acerca de los casos tratados, y tener la seguridad de que corresponde a ese momento el dejarlos en libertad. No debemos proceder apresuradamente porque ello podría poner en riesgo ministerios prósperos, y secarlos, porque no pudieron discernir en su espíritu el tiempo que Dios había establecido en su soberanía.

La liberación es el *pan de los hijos*, y aun el mismo Jesús en una ocasión, en el caso de la mujer siro-fenicia,[157] evitó en primera instancia libertar a la hija de la mujer, como ella solicitaba; y aunque posteriormente accedió, el caso debe ilustrarnos sobre la necesidad de indagar acerca de si la persona está sometida a un periodo de castigo, del cual el Todopoderoso no ha autorizado levantar su carga.

---

[157] Mateo 15:25,26

Las siguientes referencias son también casos que nos ayudan ilustrar acerca del tema.

> *"Y huyeron los hijos de Israel delante de Judá, y **Dios los entregó en sus manos.**" II Crónicas 13:16*

> *"Por lo cual Jehová su Dios lo entregó en manos del rey de los Siros, los cuales le derrotaron, y cogieron de él una grande presa, que llevaron a Damasco. Fue también entregado en manos del rey de Israel, el cual lo batió con gran mortandad." II Crónicas 28:5*

> *"No seáis como vuestros padres y como vuestros hermanos, que se rebelaron contra Jehová el Dios de sus padres, y **él los entregó a desolación**, como vosotros veis." II Crónicas 30:7*

> *"Más después que nuestros padres ensañaron al Dios de los cielos, **él los entregó en mano de Nabucodonosor rey de Babilonia,** Caldeo, el cual destruyó esta casa, e hizo trasportar el pueblo a Babilonia." Esdras 5:12*

> *"Y Dios se apartó, **y los entregó que sirviesen al ejército del cielo**; como está escrito en el libro de los profetas: ¿Me ofrecisteis víctimas y sacrificios En el desierto por cuarenta años, casa de Israel?" Hechos 7:42*

La cobertura espiritual

> *"¹⁴ Y había **siete hijos de un tal Sceva**, Judío, príncipe de los sacerdotes, que hacían esto. ¹⁵ Y respondiendo el espíritu malo, dijo: A Jesús conozco y sé quién es Pablo: **más vosotros ¿quiénes sois?** ¹⁶ Y el hombre en quien estaba el espíritu malo, saltando en ellos, y enseñoreándose de ellos, pudo más que ellos, de tal manera que huyeron de aquella casa desnudos y heridos."* <u>Hechos 19:14-16</u>

El modelo que la iglesia católica medieval desarrolló –y es el modelo que ha llegado a nosotros– con respecto a la liberación, es el modelo de que la liberación de demonios es un proceso de *exorcismo*. En la actualidad, Hollywood ha contribuido perpetuando esta imagen, ya que se ha encargado de presentar escenas en las cuales se observa a una persona luchando contra el demonio para expulsarlo de un cuerpo.

Por lo tanto, este modelo ha creado la concepción de que quienes practican la liberación deben recurrir a *fórmulas*, inclusive vestimentas, que harán que su trabajo ejecute y expulse al demonio del cuerpo.

Esta concepción está bien lejos de la verdad, pues no se trata de reproducir modelos. La liberación se ejerce porque estamos sujetos a una autoridad, formamos parte de una línea de mando, somos representantes del reino de Dios, y por lo tanto la autoridad es la misma que Jesús utilizo en sus ejercicios diarios.

De la misma forma como él manifestó que *toda potestad le había sido dada en el cielo y en la tierra*,[158] quien ejerce la liberación de demonios tiene ese mismo argumento en virtud de la línea de autoridad a la que él pertenece.

¿Por qué los hijos de Sceva no tuvieron éxito expulsando demonios pese al buen uso de fórmulas? Su fracaso se debió a que no formaban parte de una línea de mando.

Y es que, la liberación necesita, exige, demanda, requiere, que quien quiera ejercerla debe estar sometido a una cobertura que le autorice y

---

[158]   Mateo 28:18

respalde a la hora de enfrentarse ante el demonio, de lo contrario, seguirá el mismo camino de los hijos de Sceva.

En torno al ejercicio de la cobertura, Pablo se encargó de enseñar abundantemente acerca del tema. En su epístola a los Efesios, por ejemplo, aprovechó a ilústralo en función de la relación de los miembros del cuerpo humano, y apuntó que Jesús *fue dado por cabeza a la iglesia*, y al declarar semejante verdad estaba estableciendo el valor de la cobertura espiritual.

La Biblia claramente enseña acerca de la necesidad del sometimiento o sujeción a las autoridades. Lo vemos en las relaciones del hogar, por ejemplo. El hombre se somete a la cobertura de Dios,[159] la esposa se somete a la cobertura del esposo, los hijos se someten a la cobertura de los padres,[160] la familia se somete a la cobertura pastoral.[161]

Lo mismo aplica aun en cuanto a las relaciones obrero-patronales. En el trabajo, nos sujetamos a la autoridad patronal.[162]

El caso del centurión romano, referido por Mateo, nos ilustra el valor que para Jesús representó el que el centurión entendiera —y actuara— en función de una línea de autoridad.

---

[159] Efesios 5:23
[160] Efesios 6:1
[161] Hebreos 13:17
[162] Efesios 6:5

> *"Y entrando Jesús en Capernaum, vino a él un centurión, rogándole, Y diciendo: Señor, mi mozo yace en casa paralítico, gravemente atormentado. Y Jesús le dijo: Yo iré y le sanaré. Y respondió el centurión, y dijo: Señor, no soy digno de que entres debajo de mi techado; mas solamente di la palabra, y mi mozo sanará. Porque también **yo soy hombre bajo de potestad, y tengo bajo de mí soldados:** y digo a éste: Ve, y va; y al otro: Ven, y viene; y a mi siervo: Haz esto, y lo hace. Y oyendo Jesús, se maravilló, y dijo a los que le seguían: De cierto os digo, que ni aun en Israel he hallado fe tanta. **Y os digo que vendrán muchos del oriente y del occidente, y se sentarán con Abraham, e Isaac, y Jacob, en el reino de los cielos:** Mas los hijos del reino serán echados a las tinieblas de afuera: allí será el lloro y el crujir de dientes. Entonces Jesús dijo al centurión: Ve, y como creíste te sea hecho. Y su mozo fue sano en el mismo momento."* <u>Mateo 8:5-13</u>

La cobertura espiritual es importante y necesario, porque quienes ejercen la liberación lo hacen en virtud de la autoridad que se les ha delegado, no por el uso de fórmulas escritas o el uso de indumentarias que la persona utilice.

En el salmo 91 se observa también esta misma relación, y como solo los que están bajo esta cobertura espiritual pueden estar exentos de ataduras satánicas.

> *"El que habita **al abrigo del Altísimo**, Morará **bajo la sombra del Omnipotente**... Y **él te librará del lazo del cazador:** De la peste destruidora. Con sus plumas te cubrirá, Y **debajo de sus alas estarás seguro:** Escudo y adarga es su verdad."* <u>Salmos 91:1-3</u>

Este pasaje debe compararse contra Mateo 23:37,38:

> *"¡Jerusalem, Jerusalem, que matas a los profetas, y*
> *apedreas a los que son enviados a ti! ¡Cuántas veces*
> *quise juntar tus hijos, **como la gallina junta***
> ***sus pollos debajo de las alas, y no quisiste! He***
> ***aquí vuestra casa os es dejada desierta."***
>
> *"Y cómo llegó cerca viendo la ciudad, lloró sobre*
> *ella,   Diciendo: ¡Oh si también tú conocieses, a*
> *lo menos en este tu día, lo que toca a tu paz! más*
> *ahora está encubierto de tus ojos.   Porque vendrán*
> *días sobre ti, que **tus enemigos te cercarán con***
> ***baluarte, y te pondrán cerco**, y de todas partes*
> *te pondrán en estrecho,   Y te derribarán a tierra,*
> *y a tus hijos dentro de ti; y no dejarán sobre ti*
> *piedra sobre piedra; **por cuanto no conociste el***
> ***tiempo de tu visitación."** Lucas 19: 41 al 44*

Transformación de piedras en pan: No provocar situaciones a mi favor.

Las leyes humanas contemplan como delito **el tráfico de influencias** y *consiste en que un sujeto se aprovecha de su relación personal o jerárquica con un funcionario público o autoridad para lograr una resolución que le beneficie directa o indirectamente a él o a un tercero.*[163]

Y es que cuando una persona ocupa una posición de influencia se ve tentado a usar de ella para obtener beneficios personales. La ley mosaica claramente había regulado –y penalizaba– la aceptación de *soborno*[164] un delito de la misma familia del tráfico de influencia.

---

[163] http://queaprendemoshoy.com/delitos-contra-la-administracion-publicai-trafico-de-influencias/

[164] Deuteronomio 10:17

> *"…no solo de pan vivirá el hombre…" Mateo*
> *4:1-11*

¿Por qué Jesús no transformó piedras en pan, si tenía *hambre*, y tenía el poder para hacerlo? No lo hizo para marcarnos la importancia de que quienes se enfrentan ante los demonios no deben incurrir en la práctica de usar su posición de influencia para obtener beneficios personales. El apóstol Pablo abundó al respecto al asegurar que aunque muchas cosas nos son licitas, *no todas convienen.*[165]

El caso de David ante Saúl en la cueva es otro buen ejemplo que nos sugiere no usar de nuestras influencias para obtener beneficios personales. Aunque David tenía una promesa de que Dios entregaría a sus enemigos en sus manos, y pese que pudo argumentar que actuaba en defensa personal, David decidió no matar a Saúl, pues, dijo, *es el ungido de Jehová.*

> *"David pues y Abisai vinieron al pueblo de noche: y he aquí Saúl que estaba tendido durmiendo en la trinchera, y su lanza hincada en tierra a su cabecera; y Abner y el pueblo estaban alrededor de él tendidos. Entonces dijo Abisai a David: Hoy ha Dios entregado a tu enemigo en tus manos: ahora pues, herirélo luego con la lanza, cosiéndole con la tierra de un golpe, y no segundaré. Y David respondió a Abisai: No le mates: porque ¿quién extenderá su mano contra el ungido de Jehová, y será inocente? Dijo además David:* **Vive Jehová, que si Jehová no lo hiriere, o que su día llegue para que muera, o que descendiendo en batalla perezca, Guárdeme Jehová de extender mi mano contra el ungido de Jehová**; *empero toma ahora la lanza que está a su cabecera, y la botija del agua, y vámonos." I Samuel 26:7-10*

---

[165]   1ra. Corintios 6:12

CAPÍTULO 8

CÓMO GANAR LA GUERRA ESPIRITUAL EN LA CARNE

Las áreas que los demonios tocan en el hombre

Según la definición del apóstol Pablo, el hombre consta de espíritu, alma y cuerpo.[166] En nuestro estudio asumimos como marco teórico que Satanás puede contaminar, y aun atar, el cuerpo y el alma, con el propósito de aislar el espíritu del hombre para que pierda comunión con Dios.

Hablamos de *posicionamiento* y no de *posesiones*, porque esta es la obra a la cual Satanás dirige sus operaciones espirituales, tal y como las Sagradas Escrituras lo presentan.

Una posesión satánica total y radical solo podría ser considerada como resultado de pactos satánicos, y como resultado de apostasía doctrinal que la persona haya realizado conscientemente.

Las dos formas de afección que trabajamos en esta sección, contaminación y ataduras, pueden estar dirigidas al hombre íntegro, es decir, espíritu, alma y cuerpo, y mantener áreas esclavizadas de la persona sin realmente ser consciente de ello.

Posicionamientos de los demonios en la carne

- *Marcos 7: 31-37 "…Y volviendo a salir de los términos de Tiro, vino por Sidón a la mar de Galilea, por mitad de los términos de*

---

[166] 1ra. Tesalonicenses 5:23

*Decápolis. Y le traen **un sordo y tartamudo**, y le ruegan que le ponga la mano encima. Y tomándole aparte de la gente, metió sus dedos en las orejas de él, y escupiendo, tocó su lengua; Y mirando al cielo, gimió, y le dijo: Ephphatha: que es decir: Sé abierto. Y luego fueron abiertos sus oídos, y **fue desatada la ligadura de su lengua, y hablaba bien.***"

- *Lucas 13: 16 "Y como Jesús la vio, llamóla, y díjole: Mujer, **libre eres de tu enfermedad**. Y puso las manos sobre ella; y luego se enderezó, y glorificaba a Dios. Y respondiendo el príncipe de la sinagoga, enojado de que Jesús hubiese curado en sábado, dijo a la compañía: Seis días hay en que es necesario obrar: en estos, pues, venid y sed curados, y no en días de sábado. Entonces el Señor le respondió, y dijo: Hipócrita, cada uno de vosotros ¿no desata en sábado su buey o su asno del pesebre, y lo lleva a beber? Y a esta hija de Abraham, que **he aquí Satanás la había ligado dieciocho años**, ¿no convino desatar la de esta ligadura en día de sábado?..."*

Las contaminaciones y ataduras se manifiestan en la carne en forma de enfermedades alojadas en distintas partes del cuerpo de la persona. Lamentablemente con el incremento de la medicina y de la ciencia, se ha incrementado también la idea de que tales *condiciones* son el resultado de la edad, de la genética, etc., y se ha llegado a aceptarlas y tolerarlas, y no se ve mal su presencia en la persona.

A la luz de este planteamiento, la lectura de Deuteronomio 28 nos ilustra que Dios nunca quiso que el cuerpo humano fuera un depósito de enfermedades. Son el resultado de las maldiciones que se generan con la lejanía del hombre de su Formador, y por supuesto, de su cada vez más exposición al reino de las tinieblas.

Posicionamiento de los demonios en el alma

- *Mateo 5:25; Lucas 12:58 "**Concíliate** con tu adversario presto, entre tanto que estás con él en el camino; **porque no acontezca** que el adversario te entregue al juez, y el juez te entregue al alguacil, **y seas echado en prisión.**"*

- *Marcos 7:24-29 "Y levantándose de allí, se fue a los términos de Tiro y de Sidón; y entrando en casa, quiso que nadie lo supiese; mas no pudo esconderse. Porque una mujer, **cuya hija tenía un espíritu inmundo**, luego que oyó de él, vino y se echó a sus pies. Y la mujer era griega, Sirofenisa de nación; y le rogaba que echase fuera de su hija al demonio. Más Jesús le dijo: Deja primero hartarse los hijos, porque no es bien tomar el pan de los hijos y echarlo a los perrillos. Y respondió ella, y le dijo: Sí, Señor; pero aun los perrillos debajo de la mesa, comen de las migajas de los hijos. Entonces le dice: Por esta palabra, ve; **el demonio ha salido de tu hija.**"*

- *Mateo 17: 14-18 "Y como ellos llegaron al gentío, vino a él un hombre hincándosele de rodillas, Y diciendo: Señor, ten misericordia de mi hijo, **que es lunático**, y padece malamente; porque muchas veces cae en el fuego, y muchas en el agua. Y le he presentado a tus discípulos, y no le han podido sanar. Y respondiendo Jesús, dijo: ¡Oh generación infiel y torcida! ¿hasta cuándo tengo de estar con vosotros? ¿hasta cuándo os tengo de sufrir? traédmele acá. Y Jesús le reprendió, **y salió el demonio de él**; y el mozo fue sano desde aquella hora...."*

- *Efesios 4:26-28 "Por lo cual, dejada la mentira, hablad verdad cada uno con su prójimo; porque somos miembros los unos de los otros. **Airaos, y no pequéis**; no se ponga el sol sobre vuestro enojo; **Ni deis lugar al diablo.**"*

- *Colosenses 3:7-8 "En las cuales vosotros también anduvisteis en otro tiempo viviendo en ellas. Mas ahora, dejad también vosotros todas estas cosas: ira, enojo, malicia, maledicencia, torpes palabras de vuestra boca. No mintáis los unos a los otros, **habiéndoos despojado del viejo hombre con sus hechos,..**"*

- *1 Timoteo 5:14 "Quiero pues, que las que son jóvenes se casen, críen hijos, gobiernen la casa; **que ninguna ocasión den al adversario para maldecir.**"*

- *Tito 2:8 "Palabra sana, é irreprensible; que el adversario se avergüence, no teniendo mal ninguno que decir de vosotros."*

Los posicionamientos de los demonios en el alma se manifiestan de distintas formas: complejos, depresiones, culpabilidades, crisis emocionales, agobio, intolerancia, etc. Son condiciones que afectan la forma de realización del hombre y de la mujer.

De nuevo, nótese como Deuteronomio 28 nos ofrece un resumen de este tipo de posicionamiento en el alma: "*²⁸Jehová te herirá con locura, y con ceguedad, y con pasmo de corazón. ²⁹Y palparás al mediodía, como palpa el ciego en la oscuridad, y no serás prosperado en tus caminos: y nunca serás sino oprimido y robado todos los días, y no habrá quien te salve. ³⁰Te desposarás con mujer, y otro varón dormirá con ella; edificarás casa, y no habitarás en ella; plantarás viña, y no la vendimiarás. ³¹Tu buey será matado delante de tus ojos, y tú no comerás de él; tu asno será arrebatado de delante de ti, y no se te volverá; tus ovejas serán dadas a tus enemigos, y no tendrás quien te las rescate. ³²Tus hijos y tus hijas serán entregados a otro pueblo, y tus ojos lo verán, y desfallecerán por ellos todo el día: y no habrá fuerza en tu mano... 65 Y ni aun entre las mismas gentes descansarás, ni la planta de tu pie tendrá reposo; que allí te dará Jehová corazón temeroso, y caimiento de ojos, y tristeza de alma:*

⁶⁶Y tendrás tu vida como colgada delante de ti, y estarás temeroso de noche y de día, y no confiarás de tu vida. ⁶⁷Por la mañana dirás: ¡Quién diera fuese la tarde! y a la tarde dirás: ¡Quién diera fuese la mañana! por el miedo de tu corazón con que estarás amedrentado, y por lo que verán tus ojos."

Posicionamiento de los demonios en el espíritu

- *Mateo 8:28-34 "Y como él hubo llegado en la otra ribera al país de los Gergesenos, le vinieron al encuentro **dos endemoniados que salían de los sepulcros**, fieros en gran manera, que nadie podía pasar por aquel camino. Y he aquí clamaron, diciendo: ¿Qué tenemos contigo, Jesús, Hijo de Dios? ¿has venido acá a molestarnos antes de tiempo? Y estaba lejos de ellos un hato de muchos puercos paciendo. Y los demonios le rogaron, diciendo: Si nos echas, permítenos ir a aquel hato de puercos. Y les dijo: Id. Y ellos salieron, y se fueron a aquel hato de puercos: y he aquí, todo el hato de los puercos se precipitó de un despeñadero en la mar, y murieron en las aguas.*"*

- *1 Pedro 5:8 "Sed templados, y velad; porque vuestro adversario **el diablo**, cual león rugiente, **anda alrededor buscando a quien devore:"***

Todos estos textos nos ilustran que los demonios pueden posicionarse en diferentes áreas del ser humano, del cuerpo, del alma y aun del espíritu. Van a afectar esas áreas en particular y desde allí estarán ejecutando operaciones satánicas para hacer contaminar la heredad que la persona recibió del Señor.

Niveles de afección

1. CONTAMINACIÓN

La contaminación es el nivel básico de las formas usadas por los demonios para posicionarse en una persona. Es usada como sinónimo de *inmundicia.*

La contaminación es el impacto que la persona recibe en su cuerpo, en su alma o en su espíritu, como consecuencia de identificarse con la práctica de un acto proscrito en la Palabra de Dios.

La contaminación afecta la espiritualidad de la persona y coarta la libertad que tiene de parte de Dios. Tiene como propósito aislar espiritualmente a la persona para que pierda su comunión con Dios.

Es interesante ver cómo la palabra que se traduce como contaminación, en el griego es *epidemia*, lo que sugiere que la contaminación entra en pequeña cantidad y puede afectar regiones enteras. Hay dos tipos de contaminaciones, de carne y de espíritu.

Contaminaciones de carne

- *2 Pedro 2:10: "Y principalmente a aquellos que, siguiendo la carne, andan en concupiscencia é **inmundicia**, y desprecian la potestad; atrevidos, contumaces, que no temen decir mal de las potestades superiores:"*

- *2 Pedro 2:20: "Ciertamente, si habiéndose ellos apartado de las **contaminaciones** del mundo, por el conocimiento del Señor y Salvador Jesucristo, y otra vez envolviéndose en ellas, son vencidos, sus postrimerías les son hechas peores que los principios."*

- *Colosenses 3:5: "Amortiguad, pues, vuestros miembros que están sobre la tierra: fornicación, **inmundicia**, molicie, mala concupiscencia, y avaricia, que es idolatría:"*

- *Efesios 5:3: "Pero fornicación y toda **inmundicia**, o avaricia, ni aun se nombre entre vosotros, como conviene a santos;"*

- *Gálatas 5:19: "Y manifiestas son las obras de la carne, que son: adulterio, fornicación, **inmundicia**, disolución,"*

- *1 Pedro 3:21: "A la figura de la cual el bautismo que ahora corresponde nos salva (no quitando las **inmundicias** de la carne, sino como demanda de una buena conciencia delante de Dios,) por la resurrección de Jesucristo:"*

- *2 Corintios 12:21: "Que cuando volviere, me humille Dios entre vosotros, y haya de llorar por muchos de los que antes habrán pecado, y no se han arrepentido de la **inmundicia** y fornicación y deshonestidad que han cometido*

- *Romanos 6:19: "Humana cosa digo, por la flaqueza de vuestra carne: que como para iniquidad presentasteis vuestros miembros a servir a la **inmundicia** y a la iniquidad, así ahora para santidad presentéis vuestros miembros a servir a la justicia."*

Contaminaciones de espíritu

- *Santiago 1:21: "Por lo cual, dejando toda **inmundicia** y superfluidad de malicia, recibid con mansedumbre la palabra ingerida, la cual puede hacer salvas vuestras almas."*

- *1 Tesalonicenses 2:3: "Porque nuestra exhortación no fue de error, ni de **inmundicia**, ni por engaño;"*

- *1 Tesalonicenses 4:7: "Porque no nos ha llamado Dios á* **inmundicia**, *sino a santificación."*

- *2 Corintios 7:1: "ASI que, amados, pues tenemos tales promesas, limpiémonos de toda* **inmundicia** *de carne y de espíritu, perfeccionando la santificación en temor de Dios*

- *Hechos 15:20: "Sino escribirles que se aparten de las* **contaminaciones** *de los ídolos, y de fornicación, y de ahogado, y de sangre."*

- *Romanos 1:24: "Por lo cual también Dios los entregó a* **inmundicia**, *en las concupiscencias de sus corazones, de suerte que contaminaron sus cuerpos entre sí mismos:"*

2. ¿QUÉ CONTAMINA AL HOMBRE?

a) *Sus palabras*

- *Mateo 15:11-18: 11: "No lo que entra en la boca contamina al hombre; más* **lo que sale de la boca, esto contamina al hombre.** *… ¿No entendéis aún, que todo lo que entra en la boca, va al vientre, y es echado en la letrina?* **Más lo que sale de la boca, del corazón sale; y esto contamina al hombre."**

- *Santiago 3:6: "Y* **la lengua es un fuego**, *un mundo de maldad. Así la lengua está puesta entre nuestros miembros,* **la cual contamina todo el cuerpo**, *é inflama la rueda de la creación,* **y es inflamada del infierno."**

b) *Las emociones:*

- *Hechos 12:10-16: "Y como pasaron la primera y la segunda guardia, vinieron a la puerta de hierro que va a la ciudad, la cual se les abrió de suyo: y salidos, pasaron una calle; y luego el ángel se apartó de él. Entonces Pedro, volviendo en sí, dijo: Ahora entiendo verdaderamente que el Señor ha enviado su ángel, y me ha librado de la mano de Herodes, y de todo el pueblo de los judíos que me esperaba. Y habiendo considerado esto, llegó a casa de María la madre de Juan, el que tenía por sobrenombre Marcos, donde muchos estaban juntos orando. Y tocando Pedro a la puerta del patio, salió una muchacha, para escuchar, llamada Rhode: La cual cómo conoció la voz de Pedro, de gozo no abrió el postigo, sino corriendo adentro, dio nueva de que Pedro estaba al postigo. Y ellos le dijeron:* **Estás loca.** *Más ella afirmaba que así era. Entonces* **ellos decían: Su ángel es.** *Más Pedro perseveraba en llamar:* **y cuando abrieron, viéronle, y se espantaron.** "

- *1a Pedro 5:8:* **"Sed templados, y velad;** *porque vuestro adversario el diablo, cual león rugiente,* **anda alrededor buscando a quien devore:**"

c) **Los pensamientos**

- *Mateo 15:19: "Porque del corazón* **salen los malos pensamientos,** *muertes, adulterios, fornicaciones, hurtos, falsos testimonios, blasfemias."*

- *Eclesiastés 10:20:* **"Ni aun en tu pensamiento digas mal del rey,** *ni en los secretos de tu cámara digas mal del rico;* **porque las aves del cielo llevarán la voz,** *y las que tienen alas harán saber la palabra."*

d) **La conciencia débil**

- *1a Corintios 8.7: "Mas no en todos hay esta ciencia: porque algunos con conciencia del ídolo hasta aquí, comen como sacrificado á ídolos;* **y su conciencia, siendo flaca, es contaminada."**

- *1a Corintios 7.5:* **"No os defraudéis el uno al otro,** *a no ser por algún tiempo de mutuo consentimiento, para ocuparos en la oración: y volved a juntaros en uno,* **porque no os tiente Satanás** *a causa de vuestra incontinencia."*

e) **Ausencia de perdón**

- *2a Corintios 2:10,11: "Y al que vosotros perdonareis, yo también: porque también **yo lo que he perdonado**, si algo he perdonado, por vosotros lo he hecho en persona de Cristo; **Porque no seamos engañados de Satanás: pues no ignoramos sus maquinaciones.**"*

- *Mateo 5:25; Lucas 12:58 "**Concíliate** con tu adversario presto, entre tanto que estás con él en el camino; **porque no acontezca** que el adversario te entregue al juez, y el juez te entregue al alguacil, **y seas echado en prisión.**"*

f) Practicar un pecado

- *1a Juan 3:6-10: "**El que hace pecado, es del diablo**; porque el diablo peca desde el principio. Para esto apareció el Hijo de Dios, para deshacer las obras del diablo."*

g) Una doctrina errada

- *2a Juan 1:10-11: "Si alguno viene a vosotros, **y no trae esta doctrina**, no lo recibáis en casa, ni le digáis ¡Bienvenido!.. Porque el que le dice ¡Bienvenido! **participa en sus malas obras.**"*

3. ¿CÓMO SE LIBERA EL HOMBRE DE LA CONTAMINACIÓN?

a) Por la palabra

- *2a Corintios. 7:1-2: "Así que, amados, pues **tenemos tales promesas**, limpiémonos de toda inmundicia de carne y de espíritu, perfeccionando la santificación en temor de Dios."*

- *1a Juan 1:9: "Si confesamos nuestros pecados, él es fiel y justo para que nos perdone nuestros pecados, y nos limpie de toda maldad. Si dijéremos que no hemos pecado, **lo hacemos a él mentiroso, y su palabra no está en nosotros.**"*

b) Liberando perdón

- *Mateo 18:33-35:* *"¿No te convenía también a ti tener misericordia de tu consiervo, como también yo tuve misericordia de ti? Entonces su señor, enojado, le entregó a los verdugos, hasta que pagase todo lo que le debía. Así también hará con vosotros mi Padre celestial, **si no perdonareis de vuestros corazones** cada uno a su hermano sus ofensas."*

c) **Por el conocimiento**

- *Efesios 1:17-21:* *"Que el Dios del Señor nuestro Jesucristo, el Padre de gloria, **os dé espíritu de sabiduría y de revelación para su conocimiento; Alumbrando los ojos de vuestro entendimiento**, para que sepáis cuál sea la esperanza de su vocación, y cuáles las riquezas de la gloria de su herencia en los santos, Y cuál aquella supereminente grandeza de su poder para con nosotros los que creemos, por la operación de la potencia de su fortaleza, **La cual obró en Cristo, resucitándole de los muertos, y colocándole a su diestra en los cielos, Sobre todo principado, y potestad, y potencia, y señorío, y todo nombre que se nombra, no sólo en este siglo, más aun en el venidero:"***

d) **Por consejería y la reprensión**

- *Mateo 18:15:* *"Por tanto, si tu hermano pecare contra ti, ve, y **redargúyele entre ti y él solo**: si te oyere, has ganado a tu hermano."*

- *Lucas 9:55:* *"Entonces volviéndose él, **los reprendió**, diciendo: **Vosotros no sabéis de qué espíritu sois;..**"*

- *Tito 1.13:* *"Este testimonio es verdadero: por tanto, **repréndelos** duramente, **para que sean sanos en la fe,..**"*

- *1a Timoteo 5:20-21:* *"A los que pecaren, **repréndelos** delante de todos, para que los otros también teman. Te requiero delante de Dios y del Señor Jesucristo, y de sus ángeles escogidos, que guardes estas cosas sin perjuicio de nadie, que nada hagas inclinándote a la una parte."*

Los espíritus están estrechamente relacionados con las emociones, actitudes y pensamientos. Se mueven a base de desplazamientos de energía. Aprovechan las pérdidas de energía del hombre. También las contaminaciones vienen por causa de la práctica del pecado y por una conciencia débil.

4. ¿COMO CONOCER UNA CONTAMINACIÓN?

Los espíritus inmundos trasmiten su personalidad. Una contaminación de esta naturaleza se reconoce por los cambios de la personalidad y/o del carácter de la persona, particularmente en las alteraciones a la forma usual de comportamiento en los niveles intelectual, emocional o físico.

- _Mateo 15.22, 23_: *"Y he aquí una mujer Cananea, que había salido de aquellos términos, clamaba, diciéndole: Señor, Hijo de David, ten misericordia de mí; mi hija es malamente atormentada del demonio. Más él no le respondió palabra. Entonces **llegándose sus discípulos, le rogaron, diciendo: Despáchala, pues da voces tras nosotros.**"* _No era la forma usual de pensar ni de sentir de los discípulos._ _Compárese con Mateo 26.33_: *"Y respondiendo Pedro, le dijo: Aunque todos sean escandalizados en ti, **yo nunca seré escandalizado.**"*

- _Lucas 9.51-55_: *"Y aconteció que, como se cumplió el tiempo en que había de ser recibido arriba, él afirmó su rostro para ir a Jerusalén. Y envió mensajeros delante de sí, los cuales fueron y entraron en una ciudad de los Samaritanos, para prevenirle. Más no le recibieron, porque era su traza de ir a Jerusalén. **Y viendo esto sus discípulos Jacobo y Juan, dijeron: Señor, ¿quieres que mandemos que descienda fuego del cielo, y los consuma,** como hizo Elías? Entonces volviéndose **él, los reprendió, diciendo: Vosotros no sabéis de qué espíritu sois;..**"*

Las motivaciones de los discípulos no eran normales. Se muestra un nivel de contaminación que había invadido sus convicciones religiosas.

Los espíritus inmundos reproducen su medio ambiente. Otra forma de conocer una contaminación es por la alteración del ambiente de la persona infectada. Se produce un cambio en el medio ambiente de la persona, de desorden y suciedad, según el modelo de quien se deriva la contaminación.

- *Juan 10.10:* "El ladrón no viene sino para **hurtar, y matar, y destruir**: yo he venido para que tengan vida, y para que la tengan en abundancia."

- *1a Juan 2.16:* "Porque todo lo que hay en el mundo, la concupiscencia de la carne, y la concupiscencia de los ojos, y la soberbia de la vida, no es del Padre, más es del mundo."

- *1a Juan 3.8:* "**El que hace pecado, es del diablo**; porque el diablo peca desde el principio. Para esto apareció el Hijo de Dios, **para deshacer las obras del diablo**."

- *Marcos 5.1, 2:* "Y vinieron de la otra parte de la mar a la provincia de los Gadarenos. Y salido él del barco, luego **le salió** al encuentro, **de los sepulcros, un hombre con un espíritu inmundo**,..."

Una contaminación se reconoce por la vergüenza que la persona siente a la hora de confesar sus acciones. Esta situación se presenta cuando una persona trata de ocultar un pensamiento, un sentimiento, una actitud, etc., a sabiendas de que puede ser reprochado por sus actos, o porque definitivamente se trata de actos ilícitos. Para ocultar sus actos o su temor a ser reprochado presenta sus acciones bajo un argumento o una forma más tolerable.

- *Juan 12.4-6:* "Y dijo uno de sus discípulos, Judas Iscariote, hijo de Simón, el que le había de entregar: ¿Por qué no se ha vendido este ungüento por trescientos dineros, y se dio a los pobres? **Mas dijo esto, no por el cuidado que él tenía de los pobres: sino porque era ladrón**, y tenía la bolsa, y traía lo que se echaba en ella.". *Judas habla movido no por el interés de los pobres sino porque está contaminado.*

- *Efesios 5.11-13:* "Y no comuniquéis con las obras infructuosas de las tinieblas; sino antes bien redargüidlas. Porque torpe cosa es aun hablar de lo que ellos hacen en oculto. Más todas las cosas cuando son redargüidas, son manifestadas por la luz; porque lo que manifiesta todo, la luz es."

Una contaminación espiritual manifiesta características especiales. Estas manifestaciones tienen que ver con su las expresiones espirituales de la persona, por lo general el espíritu humano esta anestesiado y no tiene ninguna expresión de vida:

- *1a Corintios 11:29-32:* *"Porque el que come y bebe indignamente, juicio come y bebe para sí, no discerniendo el cuerpo del Señor. Por lo cual hay muchos enfermos y debilitados entre vosotros; y muchos duermen. Que si nos examinásemos a nosotros mismos, cierto no seríamos juzgados."*

- *2a Corintios 7:1,2:* *"...Así que, amados, pues tenemos tales promesas,* **limpiémonos de toda inmundicia de carne y de espíritu,** *perfeccionando la santificación en temor de Dios."*

- *Gálatas 3.1; 5.1-8:* *"¡OH Gálatas insensatos!* **¿quién os fascinó,** *para no obedecer a la verdad, ante cuyos ojos Jesucristo fue ya descrito como crucificado entre vosotros?...* **ESTAD, pues, firmes en la libertad** *con que Cristo nos hizo libres, y no volváis otra vez a ser presos en el yugo de servidumbre.* **de la gracia habéis caído. ..** *Vosotros corríais bien:* **¿quién os embarazó para no obedecer a la verdad? Esta persuasión no es de aquel que os llama...."***

Por lo general, este tipo de contaminaciones espirituales vienen como consecuencia de haber compartido con una doctrina errónea.

5. ATADURAS

Una atadura es un control parcial o total que un demonio ejerce sobre un área específica, la persona tiene poco o nada de autocontrol en esa área. Una atadura inmoviliza la voluntad de la persona, ésta no puede ejercer autoridad ni tiene criterio o juicio sobre el área atada. La atadura posibilita el libre acceso de demonios en la persona.

6. ¿QUE ATA A UNA PERSONA?

a) **Una contaminación mal tratada.**

- *Efesios 4:26: "Airaos, y no pequéis; **no se ponga el sol** sobre vuestro enojo;"*

- *2a Corintios 1:10,11: "El cual nos libró y libra de tanta muerte; **en el cual esperamos que aún nos librará**; Ayudándonos también vosotros con oración por nosotros, para que por la merced hecha á nos por respeto de muchos, por muchos sean hechas gracias por nosotros."*

b) **Una actitud de rebeldía**

- *Efesios 2.1-3: "Y DE ella recibisteis vosotros, que estabais muertos en vuestros delitos y pecados, En que en otro tiempo anduvisteis conforme a la condición de este mundo, **conforme al príncipe de la potestad del aire, el espíritu que ahora obra en los hijos de desobediencia: Entre los cuales todos nosotros también vivimos en otro tiempo** en los deseos de nuestra carne, haciendo la voluntad de la carne y de los pensamientos; y éramos por naturaleza hijos de ira, también como los demás."*

- *Tito 3:3: "Porque también éramos nosotros necios en otro tiempo, **rebeldes**, extraviados, sirviendo a concupiscencias y deleites diversos, viviendo en malicia y en envidia, aborrecibles, aborreciendo los unos a los otros."*

c) **Una doctrina errónea**

- *1a Timoteo 4.1, 2: "EMPERO el Espíritu dice manifiestamente, que en los venideros tiempos **algunos apostatarán de la fe escuchando a espíritus de error y á doctrinas de demonios**; Que con hipocresía hablarán mentira, teniendo cauterizada la conciencia."*

- *1a Juan 4.1-3: "AMADOS, no creáis a todo espíritu, sino probad los espíritus si son de Dios; porque muchos falsos profetas son salidos en el mundo. En esto conoced el Espíritu de Dios: todo espíritu que confiesa que Jesucristo es venido en carne es de Dios: Y todo espíritu que no confiesa que Jesucristo es venido en carne, no es de Dios: y **éste es el espíritu del anticristo**, del cual vosotros habéis oído que ha de venir, y que ahora ya está en el mundo."*

d) *Los pactos de los ancestros*

- *Éxodo 20.5: "No te inclinarás a ellas, ni las honrarás; porque yo soy Jehová tu Dios, fuerte, celoso, que visito la maldad de los padres sobre los hijos, sobre los terceros y sobre los cuartos, a los que me aborrecen,"*

- *Lamentaciones 5:6-8: "Al egipcio y al asirio extendimos la mano, para saciarnos de pan. **Nuestros padres pecaron**, y han muerto; **Y nosotros llevamos su castigo**. Siervos se enseñorearon de nosotros; No hubo quien nos librase de su mano."*

e) *Las practicas ocultas*

- *Mateo 12.30: "**El que no es conmigo, contra mí es**; y el que conmigo no recoge, derrama."*

- *Romanos 13.12: "La noche ha pasado, y ha llegado el día: **echemos, pues, las obras de las tinieblas**, y vistámonos las armas de luz,"*

- *1a Corintios 4.5: "Así que, no juzguéis nada antes de tiempo, hasta que venga el Señor, el cual también **aclarará lo oculto de las tinieblas, y manifestará los intentos de los corazones**: y entonces cada uno tendrá de Dios la alabanza."*

- *2a Corintios 6.14: "No os juntéis en yugo con los infieles: porque ¿qué compañía tienes la justicia con la injusticia? **¿y qué comunión la luz con las tinieblas?**"*

- *Efesios 5.11-13: "Y no comuniquéis con las obras infructuosas de las tinieblas; sino antes bien redargüidlas. Porque torpe cosa es aun hablar de lo que ellos hacen en oculto. Mas todas las cosas cuando son redargüidas, son manifestadas por la luz; porque lo que manifiesta todo, la luz es."*

7. ¿CÓMO SE LIBERA EL HOMBRE DE UNA ATADURA?

f) *Únicamente por la liberación*

- *Mateo 8.16:* "...*Y como fue ya tarde, trajeron a él muchos endemoniados: **y echó los demonios** con la palabra, y sanó a todos los enfermos;...*".

- *Mateo 12:28:* "*Y si por espíritu de Dios **yo echo fuera los demonios**, ciertamente ha llegado a vosotros el reino de Dios...*".

- *Mateo 15:22:* "*Y he aquí una mujer Cananea, que había salido de aquellos términos, clamaba, diciéndole: Señor, Hijo de David, ten misericordia de mí; mi hija es malamente atormentada del demonio...*".

- *Mateo 17:18:* "***Y Jesús le reprendió**, y salió el demonio de él; y el mozo fue sano desde aquella hora.*"

- *Marcos 3.14; 5.12; 7.29; 9.38; 16.9, 17:* "*3:14 Y estableció doce, para que estuviesen con él, y para enviarlos a predicar...*".

- *Marcos 5:12:* "***Y le rogaron todos los demonios**, diciendo: **Envíanos a los puercos** para que entremos en ellos...*".

- *Marcos 7:29:* "*Entonces le dice: Por esta palabra, ve; **el demonio ha salido** de tu hija...*".

- *Marcos 9:38:* "*Y respondióle Juan, diciendo: Maestro, hemos visto a uno que en tu nombre **echaba fuera los demonios**, el cual no nos sigue; y se lo prohibimos, porque no nos sigue...*".

- *Marcos 16:9:* "*Mas como Jesús resucitó por la mañana, el primer día de la semana, apareció primeramente a María Magdalena, **de la cual había echado siete demonios**...*".

- *Marcos 16:17:* "*Y estas señales seguirán a los que creyeren: **En mi nombre echarán fuera demonios**; hablaran nuevas lenguas;..*"

8.   COMO CONOCER UNA ATADURA

Los demonios controlan áreas específicas. El hombre pierde control parcial o total de sus pensamientos, sentimientos y/o acciones. En muchos de los casos caen en situaciones de obsesiones, y el marco de conducta es rígido, inflexible impredecible.

- *2a Timoteo 1.7:* *"...Porque no nos ha dado Dios **el espíritu de temor**, sino el de fortaleza, y de amor, y de templanza...."*

- *Hechos 16.16, 17:* *"...Y aconteció, que yendo nosotros a la oración, **una muchacha que tenía espíritu pitónico**, nos salió al encuentro, la cual daba grande ganancia a sus amos adivinando. Esta, siguiendo a Pablo y a nosotros, daba voces, diciendo: Estos hombres son siervos de Dios Alto, los cuales os anuncian el camino de salud...."*

- *Marcos 5. 1,2:* *"...Porque **muchas veces había sido atado con grillos y cadenas**, más las cadenas habían sido hechas pedazos por él, y los grillos desmenuzados; **y nadie le podía domar**. Y siempre, de día y de noche, andaba dando voces en los montes y en los sepulcros, e hiriéndose con las piedras. Y como vio a Jesús de lejos, corrió, y le adoró. Y clamando á gran voz, dijo: ¿Qué tienes conmigo, Jesús, Hijo del Dios Altísimo? Te conjuro por Dios que no me atormentes. Porque le decía: Sal de este hombre, espíritu inmundo. Y le preguntó: ¿Cómo te llamas? Y respondió diciendo: **Legión me llamo; porque somos muchos**. Y le rogaba mucho que no le enviase fuera de aquella provincia...."*

Métodos de liberación

En el nivel de la auto liberación

La auto-liberación se logra a base de la confesión y del ejercicio de la voluntad propia. La confesión es progresiva y debe estar fundamentada en *la fe en Jesús*. Progresiva, porque opera en función de los recuerdos que el Espíritu trae a la conciencia de la persona, y son esos momentos los más adecuados para confesar.

La auto-liberación es efectiva en afecciones del tipo de la contaminación, pero no debe usarse en niveles de ataduras.

a)   ***Confesión de la fe en Jesús.***

La Biblia enseña que uno de las mayores fuentes de contaminación es la no aceptación de que Jesús vino en la carne.[167] Esta es la principal confesión que promueve la liberación. Pablo señala que toda conversión, y toda liberación, surgen de confesar nuestra fe en Jesús.[168]

A partir de esta primera confesión, toda declaración que se haga en función de las revelaciones recibidas, serán la base para liberar las áreas que aún manifiesten tinieblas. La auto liberación exige un cambio de las actitudes, pensamientos, sentimientos, emociones y acciones. La primera auto liberación se da en el acto de la conversión. En el acto de los bautismos también hay liberación.

- *Marcos 16:16: "El que creyere y fuere bautizado, será salvo; más el que no creyere, será condenado."*

- *Juan 3:18: "El que en él cree, no es condenado; más el que no cree, ya es condenado, porque no creyó en el nombre del unigénito Hijo de Dios."*

- *Juan 11:40: "Jesús le dice: ¿No te he dicho que, **si creyeres**, verás la gloria de Dios?".*

- *Romanos 10:9: "Que si confesares con tu boca al Señor Jesús, y creyeres en tu corazón que Dios le levantó de los muertos, serás salvo."*

b) **Confesando los pecados**

La confesión de pecados toma su fundamento en una enseñanza de Jesús, en el sermón del monte, cuando dijo: "...*Mejor te **es entrar** cojo o*

---

[167] 1a Juan 4:2: "En esto conoced el Espíritu de Dios: todo espíritu que confiesa que Jesucristo es venido en carne es de Dios:"

[168] Romanos 10:8-10: "Mas ¿qué dice? Cercana está la palabra, en tu boca y en tu corazón. Esta es la palabra de fe, la cual predicamos: Que si confesares con tu boca al Señor Jesús, y creyeres en tu corazón que Dios le levantó de los muertos, serás salvo. Porque con el corazón se cree para justicia; mas con la boca se hace confesión para salud."

*manco en **la vida**, que teniendo dos manos o dos pies ser **e**chado **en el** fuego eterno."*[169]

La base es la identificación de la situación que ha contaminado a la persona. A partir de aquí es que la persona debe confesar lo que ha identificado como contaminación, y debe ejercer dominio propio sobre sus acciones.

La mayoría de las veces, la confesión se hace a Dios, en oración, pero algunas veces habrá de hacerse ante un ministro para que él ejerza autoridad y perdone la ofensa o los pecados cometidos, a fin de que se libere a la persona de la atadura que pese sobre ella.

- *Números 5. 7-8: "**Confesarán su pecado que cometieron**, y compensarán su ofensa enteramente, y añadirán su quinto sobre ello, y lo darán a aquel contra quien pecaron..."*

- *Salmos 32.5: "**Mi pecado te declaré**, y no encubrí mi iniquidad. **Confesaré**, dije, contra mí mis rebeliones á Jehová; Y tú perdonaste la maldad de mi pecado...."*

- *Proverbios 28.13: "...El que encubre sus pecados, no prosperará: Mas **el que los confiesa y se aparta**, alcanzará misericordia...."*

- *Isaías 1.18: "Venid luego, dirá Jehová, **y estemos á cuenta**: si vuestros pecados fueren como la grana, como la nieve serán emblanquecidos: si fueren rojos como el carmesí, vendrán a ser como blanca lana. ..."*

- *Jeremías 18.7-10 "En un instante hablaré contra gentes y contra reinos, para arrancar, y disipar, y destruir. **Empero si esas gentes se convirtieren de su maldad**, de que habré hablado, yo me arrepentiré del mal que había pensado hacerles."*

- *Ezequiel 33.4-6 "Cualquiera que oyere el sonido de la corneta, **y no se apercibiere, y viniendo la espada lo tomare, su sangre será sobre su cabeza**. El sonido de la corneta oyó, **y no se apercibió; su sangre será sobre él**: más el que se apercibiere, librará su vida...."*

---

[169] Mateo 18:8,9; Marcos 9:43-45

- *Mateo 3:6: "...Y eran bautizados de él en el Jordán,* **confesando sus pecados**.*"*

- *Mateo 18.18: "De cierto os digo que todo lo que ligareis en la tierra, será ligado en el cielo; y todo lo que desatareis en la tierra, será desatado en el cielo."*

- *Juan 20:22,23: "Y como hubo dicho esto, sopló, y díjoles: Tomad el Espíritu Santo: A los que remitiereis los pecados, les son remitidos: a quienes los retuviereis, serán retenidos. ..."*

- *Santiago 5.16: "**Confesaos vuestras faltas unos a otros**, y rogad los unos por los otros, para que seáis sanos; la oración del justo, obrando eficazmente, puede mucho. ..."*

- *1a Juan 1.9 "**Si confesamos nuestros pecados**, él es fiel y justo para que nos perdone nuestros pecados, y nos limpie de toda maldad. ..."*

En el nivel de la liberación dependiente

c) *La reprensión*

- *Proverbios 24:25: "Más **los que lo reprenden, serán agradables**, Y sobre ellos vendrá bendición de bien."*

- *Proverbios 25:12: "Como zarcillo de oro y joyel de oro fino, **Es el que reprende al sabio** que tiene oído dócil."*

- *Proverbios 27:5: "Mejor es **represión manifiesta** Que amor oculto...."*

- *Proverbios 28:23: "**El que reprende al hombre**, hallará después mayor gracia que el que lisonjea con la lengua."*

- *Mateo 18:15: "Por tanto, si tu hermano pecare contra ti, ve, y **redargúyele** entre ti y él solo: si te oyere, has ganado a tu hermano...."*

- *Romanos 12.20 "...Así que, si tu enemigo tuviere hambre, dale de comer; si tuviere sed, dale de beber: que haciendo esto, **ascuas de fuego amontonas sobre su cabeza**...."*

Se reprende la conducta que la persona ha adoptado, no a la persona como tal. No reprender a alguien a sabiendas de que sus actos están en flagrante violación de la palabra de Dios constituye a la persona en cómplice de quien está actuando en violación a la palabra de Dios. La represión tiene dos acepciones:

Reprobar por el comportamiento observado, y

- *Marcos 8.33-34: "Y él, volviéndose y mirando a sus discípulos, **riñó a Pedro**, diciendo: Apártate de mí, Satanás; **porque no sabes las cosas que son de Dios**, sino las que son de los hombres. Y llamando a la gente con sus discípulos, les dijo: Cualquiera que quisiere venir en pos de mí, niéguese a sí mismo, y tome su cruz, y sígame."*

Impedir que una acción sea tomada.

- *Lucas 18.15, 16: "Y traían a él los niños para que los tocase; **lo cual viendo los discípulos les reñían**. Mas Jesús llamándolos, dijo: Dejad los niños venir a mí, y no los impidáis; porque de tales es el reino de Dios."*

Al reprender a la persona por la actitud adoptada, hace que Satanás retroceda y suelte a quien tiene atado. La represión establece división entre las tinieblas provocando que se desintegre la unidad que puedan haber establecido.

d) *Oración de liberación*

- *Marcos 5:2-8: "Y salido él del barco, luego le salió al encuentro, de los sepulcros, un hombre con un espíritu inmundo, Que tenía domicilio en los sepulcros, y ni aun con cadenas le podía alguien atar; Porque muchas veces había sido atado con grillos y cadenas, más las cadenas habían sido hechas pedazos por él, y los grillos desmenuzados; y nadie le podía domar. Y siempre, de día y de noche, andaba dando voces en los montes y en los sepulcros, e hiriéndose con las piedras. Y como vio a Jesús de lejos, corrió, y le adoró. Y clamando á gran voz, dijo: ¿Qué tienes conmigo, Jesús, Hijo del Dios Altísimo? Te conjuro por Dios que no me atormentes. **Porque le decía: Sal de este hombre, espíritu inmundo."***

e) *El ayuno y la oración*

- *Marcos 9:17-29: "El cual, donde quiera que le toma, le despedaza; y echa espumarajos, y cruje los dientes, y se va secando: **y dije a tus discípulos que le echasen fuera, y no pudieron**. ...Y como Jesús vio que la multitud se agolpaba, reprendió al espíritu inmundo, diciéndole: Espíritu mudo y sordo, yo te mando, sal de él, y no entres más en él. Entonces el espíritu clamando y desgarrándole mucho, salió; y él quedó como muerto, de modo que muchos decían: Está muerto. Mas Jesús tomándole de la mano, enderézale; y se levantó. Y como él entró en casa, sus discípulos le preguntaron aparte: **¿Por qué nosotros no pudimos echarle fuera?** Y les dijo: **Este género con nada puede salir, sino con oración y ayuno**."*

f) *f) La dureza del corazón*

- <u>*Mateo 19:8*</u> *"⁸Díceles: **Por la dureza de vuestro corazón** Moisés os permitió repudiar a vuestras mujeres: más al principio no fue así."*

- <u>*Salmo 81:12*</u> *"¹²Dejélos por tanto a la dureza de su corazón: **Caminaron en sus consejos**."*

- <u>*Jeremías 3:17*</u> *"¹⁷En aquel tiempo llamarán a Jerusalem Trono de Jehová, y todas las gentes se congregarán a ella en el nombre de Jehová en Jerusalem: **ni andarán más tras la dureza de su corazón malvado**."*

- <u>*Jeremías 7:24*</u> *"²⁴Y no oyeron ni inclinaron su oído; **antes caminaron en sus consejos, en la dureza de su corazón malvado**, y fueron hacia atrás y no hacia adelante,"*

- <u>*Marcos 16:14*</u> *"¹⁴Finalmente se apareció a los once mismos, estando sentados a la mesa, **y censuróles su incredulidad y dureza de corazón**, que no hubiesen creído a los que le habían visto resucitado."*

- <u>*Efesios 4:18*</u> *"¹⁸**Teniendo el entendimiento entenebrecido**, ajenos de la vida de Dios por la ignorancia que en ellos hay, **por la dureza de su corazón:**"*

g) *Invocar la presencia del Señor*

- *Mateo 18:20* "*Porque donde están dos o tres **congregados** en mi nombre, allí estoy en medio de ellos.*"

- *Mateo 24:28* "*Porque donde quiera que estuviere el cuerpo muerto, allí se **juntarán** las águilas.*"

h) *Actos de fe:*

Los actos de fe son acciones que ponen en evidencia las convicciones de la persona. Un acto de fe puede resultar ser una forma de provocar liberación. Formas usadas en el Antiguo Testamento, por Moisés y Josué, de descalzarse, establecieron el fundamento espiritual de liberación de la región en la cual se descalzaron. Es la forma evidente de indicar que aquel territorio se constituye en territorio santo.

Otros ejemplos de actos de fe, son el postrarse, que fue la forma revelada a José en sueños, que sus hermanos ejecutarían para iniciar con ese acto un tiempo de restauración y restitución para el pueblo de Israel. Con actos como tal puede llevarse liberación a una familia, y hasta para una región.

i) *Atar y desatar. Declaraciones de cierre.*

Con declaraciones de cierre nos referimos a expresiones que definen la conclusión del acto de liberación que recién se ha ejecutado.

El ejemplo que nos ayuda a entender la importancia de estas declaraciones de cierre, es el acto de David de cortarle la cabeza a Goliat a pesar de que éste ya estaba muerto y vencido. Cortarle la cabeza aseguraba la victoria no solo sobre un hombre, sino sobre aquellos que eran parte de su pueblo.

Una declaración de cierre nos asegura la victoria sobre las familias de demonios que hayan sido introducidos por el demonio que primero se posicionó en ese lugar.

- *Juan 8:11* "*Y ella dijo: Señor, ninguno. Entonces Jesús le dijo: **Ni yo te condeno**: vete, y no peques más.*"

- *Hageo 1:12-14 "Y oyó Zorobabel hijo de Sealtiel, y Josué hijo de Josadac, gran sacerdote, y todo el demás pueblo, la voz de Jehová su Dios, y las palabras del profeta Haggeo, como lo había enviado Jehová el Dios de ellos; y temió el pueblo delante de Jehová. Entonces Haggeo, **enviado de Jehová, habló por mandado de Jehová,** al pueblo, diciendo: Yo soy con vosotros, dice Jehová. **Y despertó Jehová el espíritu de Zorobabel** hijo de Sealtiel, gobernador de Judá, y el espíritu de Josué hijo de Josadac, gran sacerdote, **y el espíritu de todo el resto del pueblo**; y vinieron e hicieron obra en la casa de Jehová de los ejércitos, su Dios."*

     j)   **Los siete espíritus peores que él.**

Es importante que tengamos conocimiento que cuando se ejecuta una liberación, y se manifiesta audiblemente un demonio, por lo general el que se manifiesta es el menos poderoso de todos los que pudieran estar presentes. El texto declara que cuando se alojan un género de demonios, el que originó la contaminación trae consigo *otros peores que él,* lo que significa que los posteriores son más terribles en poder.

Es importante tener claro conocimiento de este detalle porque por lo general los oficiantes de una liberación tratan a la persona ministrada como si quienes se posicionaron en ella fueran únicos, y casi siempre se expulsa al más débil de todos.

- *Mateo 12:43-45: "Cuando el espíritu inmundo ha salido del hombre, anda por lugares secos, buscando reposo, y no lo halla. Entonces dice: Me volveré a mi casa de donde salí: y cuando viene, la halla desocupada, barrida y adornada. Entonces va, y **toma consigo otros siete espíritus peores que él**, y entrados, moran allí; y son peores las cosas; últimas del tal hombre que las primeras: así también acontecerá a esta generación mala." Satanás saca primero a los demonios de menor rango.*

- *Mateo 12:25 "Y Jesús, como sabía los pensamientos de ellos, les dijo: **Todo reino dividido contra sí mismo, es desolado**; y toda ciudad o casa dividida contra sí misma, no permanecerá."*

     k)   **El valor de la confesión**

Queremos destacar esta sección en particular porque por el antagonismo que ha existido históricamente entre el catolicismo y el cristianismo evangélico, la mayoría de las veces los ministros desvirtúan este método de liberación, erróneamente identificándolo como algo que tiene que ver con el catolicismo.

Confesar no es fácil. Al demonio le conviene que la persona niegue que tiene una afección en alguna área. Mientras la persona se resista a admitir una afección, más fuerte se constituye el demonio que se ha posicionado. La confesión hace que se rompa el derecho legal que el o los demonios mantenga sobre la persona.

- *Proverbios 28:13 "El que encubre sus pecados, no prosperará: Mas **el que los confiesa** y se aparta, alcanzará misericordia."*

- *Santiago 5:16 "**Confesaos vuestras faltas unos a otros**, y rogad los unos por los otros, para que seáis sanos; la oración del justo, obrando eficazmente, puede mucho."*

l) *Cuando la ministración es fuerte: Bendecir*

Existen ocasiones en que las ministraciones se vuelven fuertes. Demonios que se resisten a obedecer y a salir de la persona. Por lo general esta situación es causada porque la persona tratada desarrolló exceso uso de sentimientos propios en la situación que provocó el ingreso del demonio.

Cuando se interpone bendición sobre la persona sucede que el demonio no puede ir por encima de ello y se vuelve inoperante.

- *Números 23:8 "¿Por qué **maldeciré** yo al que Dios no maldijo? ¿Y por qué he de execrar al que Jehová no ha execrado?"*

- *Hebreos 6:14-17 "Diciendo: De cierto **te bendeciré bendiciendo, y multiplicando te multiplicaré**. Y así, esperando con largura de ánimo, alcanzó la promesa. Porque los hombres ciertamente por el mayor que ellos juran: y fin de todas sus controversias es el juramento para confirmación. Por lo cual, queriendo Dios mostrar más abundantemente a los herederos de la promesa la inmutabilidad de su consejo, interpuso juramento;"*

Printed in the United States
By Bookmasters